BIG DATA
DEFINE AIOPS

# 大数据定义智能运维

汤 滨◎著

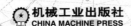
机械工业出版社
CHINA MACHINE PRESS

无数据，不 AI。而没有统一完整的基础运维数据资源平台，AIOps 也无从谈起。基础运维数据资源平台是 AIOps 的数据基石，也是未来支撑企业数据战略的两大数据平台之一。

本书在分析运维数据治理与传统数据治理的差异化特点的基础上，阐明了数据治理的 DAMA 理论体系在运维数据管理领域实现的广义元数据管理、广义数据标准、广义数据模型等方面的理论突破，创造性地提出运维数据模型建设的思路，为运维数据治理构建了体系化理论基础，并提供了具有方法论支撑的完整蓝图。同时，本书就基础运维数据资源平台建设，也分享了基于数据模型实体库的概要设计，以数据湖为基础，包含运维数据中台建设的架构规划。最后，本书还在工业运维领域略做了一些延展，分析了工业运维数据模型的差异化特点，对以数字孪生、时空数据等关键工业技术为核心的物理融合技术做了介绍，提供了开展智能工业运维的必要内容。

本书不仅适用于 IT 服务从业者，也适用于从事 IT 技术咨询、开发、建设的一般读者。

### 图书在版编目（CIP）数据

大数据定义智能运维/汤滨著. —北京：机械工业出版社，2019.12
ISBN 978-7-111-64130-8

Ⅰ.①大… Ⅱ.①汤… Ⅲ.①企业管理-数据管理 Ⅳ.①F272.7

中国版本图书馆 CIP 数据核字（2019）第 248721 号

机械工业出版社（北京市百万庄大街 22 号　邮政编码 100037）
策划编辑：曹雅君　　责任编辑：曹雅君　陈崇昱
责任校对：李　伟　　封面设计：马书遥
责任印制：孙　炜
北京联兴盛业印刷股份有限公司印刷

2020 年 1 月第 1 版·第 1 次印刷
170mm×242mm·12 印张·2 插页·162 千字
标准书号：ISBN 978-7-111-64130-8
定价：88.00 元

| 电话服务 | 网络服务 |
| --- | --- |
| 客服电话：010-88361066 | 机 工 官 网：www.cmpbook.com |
| 　　　　　010-88379833 | 机 工 官 博：weibo.com/cmp1952 |
| 　　　　　010-68326294 | 金 书 网：www.golden-book.com |
| 封底无防伪标均为盗版 | 机工教育服务网：www.cmpedu.com |

# 推荐语

在物联网风云突起的时代,数据运维是夯实智能运维基础环节的重要一环。作为市场出身的非专业人士,我想从另外的视角推荐这本书。首先,就市场角度而言,IT技术除了创新发展层面,也应关注时效基础层面,细致划分,解决实战需求。其次,结合案例化繁为简地系统梳理,更有利于非专业管理层的理解与决策,也可作为其他领域可借鉴的方式。最后,恭祝作为物联网产业技术创新战略联盟车联网专委会初创理事成员之一的汤滨先生出版顺利!祝愿该书能够承载未来的运维,诠释数据的价值!

蔡晓军

物联网产业技术创新战略联盟车联网专委会秘书长

越深入实践AIOps,越能感受到数据基础对于一个AI项目的重要性。数据之于算法,好比食材之于厨师。食材新鲜,厨艺不高也可果腹;食材腐败,厨艺再高也是白费。本书最大的特点就是关注运维数据治理这个以往较少有人关注的领域,见解新颖深刻,读来让人感觉获益良多。

龚文

中国民航信息网络股份有限公司运行中心运行部经理

信息化的数字化发展离不开运维数字化这一关键领域。本书透彻、全面地剖析了智能运维这一数字化领域的相关问题,包括数据治理机制、运维数据标准化、运维领域的业务架构。我国信息化运维领域整体上发展相对比较落后,基础设施与信息系统的数据采集、分析和利用水平相对不高,面向企业新一代业务架构的智能运维机制缺乏体系化顶层设计。

伴随着数字化趋势，为适应客户中心化的供给侧改革压力，企业越来越注重多元化发展，IT服务多样性与敏捷性给运维数字化带来了艰难的调整。我国只有发展智能运维，才能打造新一代业务架构所需要的敏捷IT能力。企业也必须发展智能运维，才能实现可视化、数字化、智能化的优化IT架构的要素，以保证客户服务业务的连续性和服务水平。

我认识汤滨先生已经数年，他一直在从事运维数字化领域的规划和建设。本书分享了他的丰富实际经验与案例，对于我国企业构建智能运维体系具有一定的借鉴价值。

郭树行　博士

欣思博咨询联合创始人，数字化转型与顶层设计推广者

运维数据长期以来是最容易被忽略的数据资产，我们一直没有找到运维数据衡量、量化、治理和建模的方法。这本书创造性地提出运维数据资产化，并按照以下方式展开：AIOps认知、运维数据治理与资产化、运维数据模型和数据平台建设、工业运维数据体系建设。同时，辅以解决方案和最佳实践，弥补了运维数据管理领域理论和实践的空白。特别是其中的运维数据模型，更是切合了当前最新提出的DataOps概念。书中体系化地论述了DataOps的理念和方法，不愧是跨越运维和数据资产两大领域的好书！

高峡

重庆大数据应用联盟创始人

运维这个话题，最近变得很火热，从通信企业到互联网企业再到传统企业，对IT运维的重视程度都在与日俱增。个人理解这是软件定义一切的必然：传统企业的数字化转型，就是软件定义业务；互联网企业的云业务，就是软件定义硬件。因为软件化才能持续迭代优化和快速响应，并且极大地放大生产力。

在大型企业持续深度数字化、软件化的变革过程中，运维的重要性和价

值会凸显出来，因为运维是企业内唯一能够看到数字化体系整体状态的部门，运维做好了，公司的业务才能做好；运维做优了，公司的效率才能提高、成本才能降低。IT运维将和业务运营一起成为企业商业竞争力的压舱石。

运维的本质其实就是从体系化的角度，通过系统间的连接与协作完成IT系统的稳定与优化：DevOps就是软件研发协作体系，它完成了上下游多角色的连接（研发、测试、发布、运维）；IT设施的云化就是软硬件的分层协作体系，它可以实现前、后台多技术栈的连接（硬件、云服务、中间件、应用系统）。

所以，大型企业要把运维做好，本质上不仅仅是做好运行维护，而是要做好连接与协作，这是互联网企业从这么多年的教训中收获的血泪经验。连接与协作的核心就是系统化+数据化，因为靠人的口口相传（需要数据化并且要标准化）和靠人的重复劳动（需要系统化，复杂场景要自动化进而智能化）一定会出错。这也是汤滨老师会在这本书里用极大的篇幅来介绍运维的数据架构建设和数据治理的原因，这些是数据化和系统化能够持续演进的基础，就相当于太极中的"阴"，配合各种运维工具的"阳"，才能刚柔并济、见招拆招，立于不败之地。

汤滨老师在书中所介绍的数据治理，跳出了传统数据治理公司的桎梏，解放了思想，回到了数据治理的初心：让数据更好用。因此，数据治理的团队是赋能者和服务者，而不是管理者，数据不是高高在上管出来的，数据治理是以客户为中心的持续服务过程，保持初心，方得始终。这个思想的转变是痛苦的，很多人内心是抱着完全怀疑的态度的。汤滨老师从文化、组织、方法、流程、架构、系统、案例等多个方面，把这件事情庖丁解牛般拆解给读者，目的就是要建立信心，打消顾虑，这是非常难得的。

AIOps这个概念还在不停地变化，我相信各类对它进行解读和最佳实践说明的书今后会层出不穷，但是这里面的根就是汤滨老师在这本书中一再强调的数据的"道"。汤滨老师讲授的这个"道"，是值得我、值得广大读者仔细学习并且知行合一运用到实践工作中去的，同时书中列出的大量具体方法和实例更是我们实践过程中的望远镜与拐杖。

最后，祝汤滨老师的新书大卖，把汤滨老师的真知灼见传播给更多的运维领域的能人志士！

张茂森

原阿里云数据平台总体架构师，现任滴滴数据平台首席工程师

我曾被作者或出版者邀请作序，但鲜有应允，多以自己不够专业而谦辞婉谢。这次汤滨先生亲自提出请我为他的第一本著作《大数据定义智能运维》作推荐序，我感到荣幸与惊喜，立即满口应承！这并非出于自诩对本书所涉之内容已具有专业理解，而是因为汤滨本人及其对IT数据治理和智慧运维方面独到的见解。

随着信息技术日新月异的发展，全球信息化浪潮已触及人们工作、生活的每一个角落。物联网、云计算、移动互联、大数据、区块链等信息技术已经在国内各领域得到了广泛的应用。不但金融、电信、能源、电子商务等领域离不开信息技术，就连传统的制造业、物流业、服务业、交通运输业、教育培训及农牧业等，也都离不开信息化的支撑。因此，通过IT服务，确保IT系统的安全、稳定、可靠运行是当今社会面临的重要课题。IT服务是伴随IT系统的存在而产生的，只要有IT系统的地方，就需要IT服务。目前有超过三分之一的IT专业人员从事IT服务行业，大有三分天下有其一之势，就说明这是一个大有可为的行业。

综上所述，IT服务是一项重要而复杂的工作。"工欲善其事，必先利其器"，如何建立适用于当前以及未来信息化应用及发展的运维一体化平台，如何让AIOps进入场景，在DevOps工程师的日常工作中让这些机器学习工具发挥作用，实现以AIOps为终极目标的智慧运维，达到事半功倍的运维效果，让IT服务行业从业者的人生充满智慧与成就感，正是作者希望通过此书所要

表述的。

纵观目前 IT 服务类图书，多是介绍 IT 技术运维标准和理论体系，以及 IT 服务内容和技巧的。那些书主要介绍 IT 运维体系建设和服务流程，只能让从业者了解或掌握 IT 服务的冰山一角。

本书作者汤滨先生长期从事大型 IT 服务高级管理工作，有多年的 IT 运维服务实践经历。本书从 IT 服务行业从业者的视角，以 IT 运维数据治理为基础，创新思路，生动形象地诠释并展现了 AIOps 的实现之路。作者从 IT 运维的现状开始分析，将理论与大量典型案例相结合，深入浅出、化繁为简，阐述了为什么 AIOps 是运维的终极目标，详细分析了一般企业信息化的运维需求，提出了完整的基础平台搭建和实施规划，同时对企业数据资产化和运维管理数据化转型进行了详细论述，最后对智慧工业运维进行了探索和展望。

本书的价值在于不仅适用于 IT 服务行业从业者本身，也适用于其他服务行业人员。《大数据定义智能运维》是一本富有内涵和智慧的图书，从事 IT 技术咨询、开发、建设和服务的工作者和一般读者，也能够从中受益。

刘平光

中国华能北方联合电力有限责任公司信息中心处长

# Preface
# 前　言

我国著名的科幻小说《三体》中有一个来自理工男作者极为天才、大胆且具有颠覆性的设想，叫作"降维攻击"。

我们可以通过学习这种思维方式来对今天的运维成本中心予以升维定位。可以认为，未来的运维中心将会成为企业的基础资源管理中心、基础能力中心和基础创新中心。

之所以有这样的定位，是因为未来企业的所有数据资源都将集中在业务数据平台和基础数据平台这两大核心平台之上，企业所有的能力、所有的创新，都需要这两大平台的支撑。而这样的升维定位也为企业运维数据资产化和运维数字化转型明确了方向。

有了这样的定位，读者就会明白未来的 AIOps 一定是平台化的，是具有科学方法论的，更是在全局基础数据资源统一管理基础上的创新和发展。这其实与近期提出的 DataOps 概念异曲同工。同时，读者也就一定能够理解本书所定义的 AIOps 与目前业界各运维工具类厂商所定义的根本不同。工具类的运维软件厂商会就某些业务场景开展数据分析，而这其实是算法 IT 运维（Algorithmic IT Operations）的范畴，AIOps 应该具有体系化的理论依据与平台化的整体构思。

只有平台才能发挥数据整合的威力与能量，而数据的整合当然需要治理先行。在传统业务数据平台领域有太多由于没有开展数据治理而造成种种问题的前车之鉴，而这些教训值得运维数据平台的建设者借鉴。

然而，在构思运维数据治理体系的时候我们也曾经有很多困惑。传统的比较成熟的数据治理方法或最佳实践在运维领域很难照搬套用。比如，运维数据领域无法直接从结构化数据库中获取全量元数据，因为在套用业务数据治理理论时总是有很多不同之处。一直到我们提出了广义元数据管理、广义数据标准和广义数据模型后这些问题才迎刃而解。由此顺藤摸瓜，我们总结出运维数据治理的差异化需求和特点。这是我写这本书过程中的最大收获。所以，本书提出了业界第一版的运维概念模型，也分析出数据湖技术更为符合运维数据平台的特点和需求。

本书力求通过创新的思考帮助用户厘清思路，发现问题，确立方向，找到那条数字化转型可行的路。在书中有三大预言，我们希望与读者一起去见证未来。

本书最后一章对工业运维略作延展，因为今天方兴未艾的智能制造、工业4.0同样也需要智能工业运维的保驾护航。工业运维与IT运维具有明显的差异性，所以书中对包括数字孪生技术和时空数据技术在内的物理融合模型做了介绍和说明。我们认为，工业运维不是简单地搭建一个云平台，通过数据接口接通很多生产线的实时物联网数据，然后开展若干统计与可视化，这样的过程还不足以称为工业运维。智慧的工业运维需要在数据融合的基础上通过治理实现数据资源体系化的梳理，然后结合实际环境、具体业务场景和业务需求开展AI分析并支撑快速决策。

我们认为，工业运维可以借鉴AIOps的理论与方法，结合工业运维需求予以分析和开展。今天信息技术（Information Technology，IT）、通信技术（Communication Technology，CT）和运营技术（Operational Technology，OT）的融合已经没有技术障碍，这为在工业运维领域通过AI技术实现自动化和智能化奠定了坚实的技术基础。相信在不远的将来，智能工业运维一定会蓬勃发展。

最后，感谢在本书的完成过程中给予指导和建议的所有朋友和老师，感谢大家的支持，本书的成果离不开你们的帮助，这里一并致谢！由于是全新领域的构思，相信书中一定会有纰漏之处，我希望得到业界同行的批评指正，与大家共同创新，共同探讨运维发展之路！

*汤滨*

# Contents 目 录

推荐语

前 言

## Chapter One

### 第 1 章 总论 / 001

1.1 运维管理的现状 / 001

1.2 AIOps 为什么会成为公认的运维管理的方向 / 004

1.3 AIOps 对于运维数据管理提出的需求与挑战 / 006

## Chapter Two

### 第 2 章 需求分析 / 013

2.1 企业数据治理概论 / 013

2.2 运维数据治理的差异化分析 / 026

2.3 运维数据治理工作的策略与原则 / 029

2.4 运维数据治理工作的创新思路 / 030

## Chapter Three

### 第 3 章 解决方案——企业基础数据平台建设 / 037

3.1 运维数据管理系统 / 039

3.2 运维数据模型建设思路 / 050

3.3 企业统一基础数据管理平台 / 068

**Chapter Four**

第 4 章　实施规划与案例分享 / 098

4.1　案例分享 / 098

4.2　运维知识图谱 / 103

4.3　实施规划 / 107

4.4　对 AI 的认知 / 127

**Chapter Five**

第 5 章　运维数据资产化与运维管理数字化转型 / 131

**Chapter Six**

第 6 章　智能工业运维探索 / 139

6.1　数字孪生技术 / 148

6.2　时空数据技术 / 156

6.3　工业运维数据模型 / 161

6.4　基于物联网的工业运维数据平台 / 162

6.5　物理信息融合 / 172

后记 / 178

# 第 1 章　总论

## Chapter One

## 1.1　运维管理的现状

当今时代正在经历由于新技术而引发的颠覆性变革。5G、物联网、云计算与大数据、人工智能和区块链等新技术的诞生或发展，都为人类对这个世界的认知和运转带来了新的角度和新的模式。

但对于系统运维的从业者来说，新技术的降临却是富有挑战的。从前十年的虚拟化，到今天的混合云，容器技术、微服务架构，还有就是如火如荼的数据中台、技术中台、业务中台等超前的技术理念所带来的架构变化，不断发展的技术引领着业务应用创新和业务创新，为系统运维的工作带来了空前的现实挑战和压力。

传统的运维技术手段已经不能满足今天超大集群环境的要求，而系统故障带来的损失也是灾难性的，成为运维发展史上一个又一个血的教训。这种灾难的成本也由于对于 IT 系统依赖程度的加深而成几何级数的增长。

图 1-1 列举了历史上重大运维事故的惨痛教训。

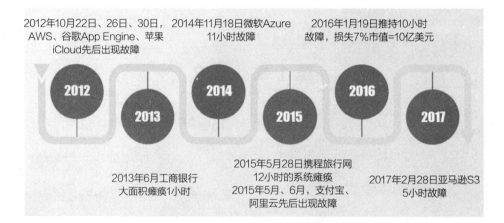

图 1-1　运维历史大事故时间轴

试想从 UNIX 小型机时代到今天基于云架构的 hadoop 超大服务器集群，系统运维的目标也正在从支撑稳定运行发展到支撑每秒超过 30 万笔交易的高效运行，这必将呼唤新一代运维技术的诞生和发展。从早期的网管软件，到 IT 基础架构库（Information Technology Infrastructure Library，ITIL）理论体系的形成，再到日志管理、NPM、APM 等监控工具的广泛应用，运维管理已经从原始数据层级发展到了满足管理人员洞察秋毫的需求。随之也产生了 ITIL、ITSS、ITOM、ITOA、ITSM、DevOps 以及 2017 年由权威机构 Gartner 总结的 AIOps 等运维理论。运维管理的关注点也从最早的对设备状态的监控发展到对事件的系统化认知，进而提升到高效服务的高度。

技术与理论的发展从来都伴随着市场的需求。ITIL 理论从业务管理、服务管理、ICT 基础架构管理、IT 服务管理规划与实施、应用管理和安全管理六个模块对运维的标准化管理体系进行了概括和总结，并明确指出服务管理是其中最核心的模块。信息技术服务标准（Information Technology Service Standards，ITSS）是一套成体系和综合配套的信息技术服务标准库，它全面规范了 IT 服务产品及其组成要素，可用于指导实施标准化和可信赖的 IT 服务。ITSS 将信息化服务的组成要素分为 IT 服务人员（People）、流程（Process）、技术（Technology）和资源（Resource），并由此形成了 PPTR 理论体系。从 ITOM 到 ITOA 是 IT 运维从管理到分析的渐变过程，它从实际需求的角度证明了由传统的简单监控管理到应用数据分析来开展运维业务洞察的技术方向。

当今主流的 IT 运维管理工具可以概括为如下三大类：

1) 监控 IT 环境运行状况的监控工具，包括网络监控、应用监控、流量监控等。这类系统相当于运维管理人员的眼睛，可以帮助他们掌握运行状况。

2) 自动化工具，包括自动执行系统的安装、发布和配置等。这类工具以提高效率为主，相当于运维人员的智能机械手。

3) 流程类工具，用于确保各类事务流程化、规范化以及对服务质量的管理。

那么，什么才是运维管理的"大脑"呢？

这就好比人体是由大脑、神经、骨骼和血液等共同组成的有机整体，大脑就是总指挥。如果把血液比作数据，那么神经网络就是对整体躯干的监控，大脑就是所有数据和信息反映汇总与决策的平台。要发挥大脑的价值，首先运维系统必须是一个有机躯体。

孤立的系统就是信息孤岛，烟囱式的系统建设结果是数据碎片化、监控单一化和分析手段的局限化。这样的运维管理在整体效果上必然会导致人工运维费用居高不下，系统处理与问题判断非常复杂且效率低下，后台维护成本高昂，由于知识积累与传承困难而造成的培训成本趋高等现象的发生。因此，运维数据价值没有被挖掘也无法成为资产管理的基础。

例如，传统的 ITIL 运维管理流程已经在许多组织中得以推广应用，然而当 DevOps 团队开始使用 Jira（一种项目与事务跟踪的工具）来记录缺陷和功能性的改进时，ITIL 就受到了一定的挑战。因为在使用 APM 时，IT 运营与安全团队是无法通过各种本地或远程事件来捕获或识别多种威胁的。因此，就需要在应用程序、服务或业务的价值链中确定所有有效的结果性指标，并制订出一个方案来汇集这些数据，以便通过这些数据来掌控全局。

这就是数据的力量与价值所在。

## 1.2　AIOps 为什么会成为公认的运维管理的方向

现实的问题就是创新的原动力!

Gartner 在 2016 年就提出了 AIOps 的概念。在 2018 年的一项调查中发现有超过 50% 的客户已经采用或是计划开展 AIOps 的工作，预测到 2020 年将有 56% 的基础设施和运营管理的负责人会在 AIOps 技术方面实现投入。而 AIOps 在 Gartner 的技术发展曲线中也正处于起步上升的阶段。

对用户而言，运维技能的不足或短缺，由于正在持续扩张的基础设施规模而造成的复杂的管理流程，以及紧张的运维成本预算和持续变化增长的各种管理需求，都是具体而实际的运维业务的挑战，也是用户开展 AIOps 的原动力所在。

具体展开就可以完全弄清楚为什么 AIOps 是运维未来的必然方向。

运维管理人员素质的良莠不齐将为运维管理知识的沉淀与迭代带来成本；复杂的管理流程将为运维效率的提升带来障碍；不断引进的新技术应用与规模不断增长的基础架构造成了实际管理需求的不断变化与挑战，而愈发吃紧的运维预算成本又再三强调要在效率与保障之间艰难地找寻平衡点。

所以 AIOps 才是所有这些问题的解决之道。如图 1-2 所示，AIOps 的威力在于，通过贯通融合的数据流转，实现了对于基础设施或系统应用的状态洞察与风险分析，改变了传统运维关注点与事后处理的被动模式；而数据流转又改变了数据供应链和数据供给的模式，为流程的优化和效率的提升提供了实际依据的基础资料。效率的提升必然会带来效益的提高或成本的降低，所以 AIOps 是传统运维工具无法达到的高度，也是企业运维管理保障体系建设的必然选择。

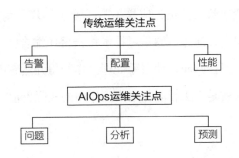

图 1-2 传统运维与 AIOps 关注点的差异

AIOps（Artificial Intelligence for IT Operations）其实是整合 IT 服务管理（ITSM）、IT 运营管理（ITOM）和数据层面上的 IT 运维的一种基于智能化的自动化处理与管理能力。AIOps 使得数据能够驻留在支持实时应用分析和深度历史查询的大数据平台之中，而这些分析可以由那些支持对数据流进行无人值守式处理的机器学习来实现。这意味着传统的 IT 工具仍然发挥效用，例如服务管理仍然处理各种请求和事件；性能管理仍然监视各种指标、事件和日志。而 AIOps 则可以对所有基础数据进行梳理并发现关联，进而借助机器学习的分析，为运维管理与决策提供更好、更快的数据支撑，实现运维的服务任务过程的智能化和自动化。

由此我们可以设想一些具体的场景来描绘未来 AIOps 的最终状态。首先，要保证数据能够顺畅地从多个数据源汇入到一个统一且完整的数据平台中。该平台能够对来自其他来源和类型的数据予以吸收、分析和后期处理；通过机器学习来管理和修改分析算法。平台具备自动触发工作流的机制，其输出结果会作为二次数据源被再次反馈到系统之中，使得系统实现自适应，并且通过响应各种数据卷、数据类型和数据源的变化，进而自动调整和按需通知相应的管理员。

就实际情况而言，对于今天集团级企业复杂的 IT 环境，基于 AIOps 的智能运维是企业管理的必要措施之一。一个真实的案例：某国内大型银行，几乎部署了所有主流运维软件系统并覆盖了整个数据中心，由此触发了每天超过 20 000

条告警,整个团队变成救火队员,应接不暇、疲惫不堪。为此,他们专门开展了人工智能的算法研究,通过机器学习技术将报警压缩合并到每天 150 条之内,且有明确等级分类与责任归属,让报警处理工作变得井然有序,"救火队员"也减少了三分之一,这就是人工智能在运维工作中的实际价值。

## 1.3 AIOps 对于运维数据管理提出的需求与挑战

是时候来为 AIOps 正名了!

国内很多厂商在原有产品的基础上通过引入一两位算法工程师或是基于某个具体业务场景开展了预测分析就摇身一变成为了 AIOps。这是对 AIOps 的以偏概全,其本质上尚处于算法运维(Algorithmic IT Operations)的范畴。业界普遍将关注点一下子集中到 AI 场景中,多少有些急功近利。国内所有对于 AIOps 的介绍与讲解几乎都没有涉及基础数据管理的层面。如图 1-3 所示,业界将 AIOps 根据能力层级划分成五个阶段。

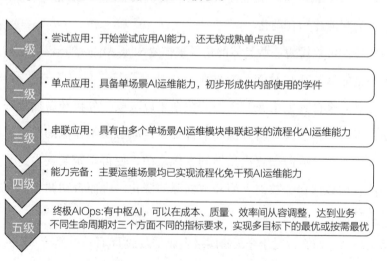

图 1-3 AIOps 的五个能力阶段

注:摘自《企业级 AIOps 实施建议》白皮书。

如图1-4所示，也有人认为AIOps可以划分为四个发展阶段。

```
┌─────────┐      ┌─────────┐      ┌─────────┐      ┌─────────┐
│ 人工运维 │      │ 工具运维 │      │ DevOps  │      │  AIOps  │
└────┬────┘      └────┬────┘      └────┬────┘      └────┬────┘
     ▼                ▼                ▼                ▼
┌─────────┐      ┌─────────┐      ┌─────────┐      ┌─────────┐
│主要是利用│      │开发功能较│      │DevOps工具│      │主要强调运│
│单独的脚本│      │为完善的工│      │链非常成熟│      │维类人化，│
│或者一些简│      │具，并经过│      │、SRE、   │      │机器自我学│
│单的工具，│      │不断改进，│      │Chatops等 │      │习、自行分│
│没有较为完│      │工具越来越│      │高级形式出│      │析决策、自│
│善的系统和│      │成熟，业内│      │现，运维流│      │动化执行脚│
│运维理念，│      │就IT研发和│      │程和运维措│      │本        │
│流程处于摸│      │运维逐步达│      │施方面实现│      │          │
│索阶段    │      │成共识，  │      │完全自动化│      │          │
│          │      │DevOps理念│      │          │      │          │
│          │      │开始提出  │      │          │      │          │
└─────────┘      └─────────┘      └─────────┘      └─────────┘
```

图1-4 业界总结的AIOps的四个发展阶段

开发运维一体化（DevOps），一方面要带着运维的思想开发，开发过程中除了注重需求功能外，还要（从代码质量、规范、安全性出发）考虑如何降低运维工作量，以及运维便利性，要使功能和运维二者兼得；另一方面运维要考虑如何在运维中发现解决问题的方法，并且通过程序变更或使用工具的方式（非重复的人力劳动来完成）来解决运维中的问题，从而使应用程序从开发到运维的流程顺畅，投入的人力成本总和最低。所以，DevOps应该是思想流程的融合，而非简单的自动化，也不完全是AIOps的必经阶段。

上述层级的划分为AIOps从点的应用到面的推广，再到最终形成智能运维的能力绘制了路线图。然而这些理论没有提及数据层面的问题，这是明显的不足。

AIOps平台的重要组成如图1-5所示。

近期，Dataops理论的提出完善了AIOps的成长轨迹，图1-6中予以了说明。

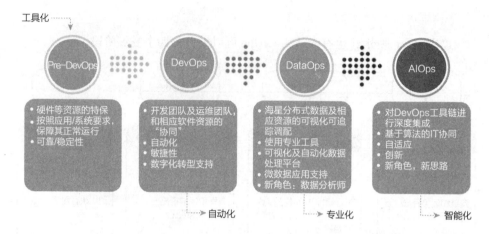

图 1-5　Dataops 在 AIOps 阶段中处于重要位置

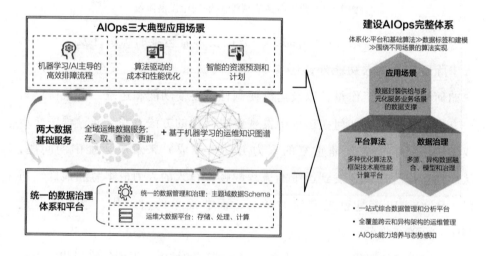

图 1-6　支撑 AIOps 的三大要素

如图 1-7 所示，AIOps 的核心应该是通过对数据的分析挖掘来实现具有业务价值的结果，从而减轻运维工作人员的工作量，提升效率。AIOps 的成功在于三点，一是基于明确的业务场景的算法分析模型以及持续优化的能力；二是有覆盖全部基础数据的具有高可靠性且统一管理的基础数据平台的支撑；三是有运维数据治理保障与基于运维数据资产管理的数据中台建设的支撑。

这里可以总结出数据是 AI 分析的重要基础，AIOps 是继算法运维（Algorithmic IT Operations）后的智能运维能力的集大成者。如图 1-8 所示，通过数据完整描绘的运维画像将对 AI 形成强大的支撑能力。

所以，没有高质量的全量数据的保证，AIOps 也是巧妇难为无米之炊，而离开了数据平台的 AIOps 又是局限的，无法发挥数据应用的效率和效能。

图 1-7 支撑 AIOps 的三大要素

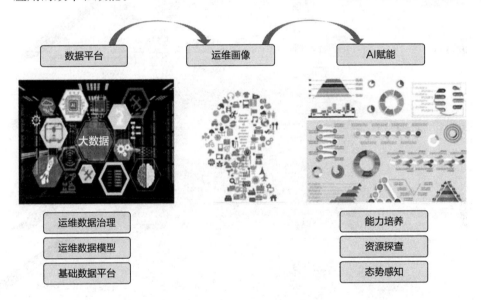

图 1-8 AIOps 的实现思路

例如，国内某银行开展容量预测，希望能较准确地预判特定高发交易时段对计算资源的需求。然而，服务商本身就是银行业务系统的开发商，所能得到的仅仅是业务系统中的历史交易记录数据，分析的结果误差始终达不到业务要求也无法实现业务价值。经过交流我们发现，包括新开卡的用户数据、新下载 App 的记录数据都无法获得，且历史交易数据不能满足一个完整的计算分析周期,这当然无计可施了。

数据缺失造成因变量输入不足,结果可想而知。这样的问题,不是 AIOps 能解决的。这也就体现出完整的运维画像的重要性。

AIOps 首先依靠的是人工智能的分析应用能力,然后才是将人工智能应用到运维管理的运行领域形成 AIOps 理论体系,而人工智能则是将数据通过机器学习的手段以类人工的智能手段与方法实现的应用。由此可以得出的结论,对数据的管理和应用是走向 AIOps 的必由之路。图 1-9 给出了一个运维全维度视图并加以说明。

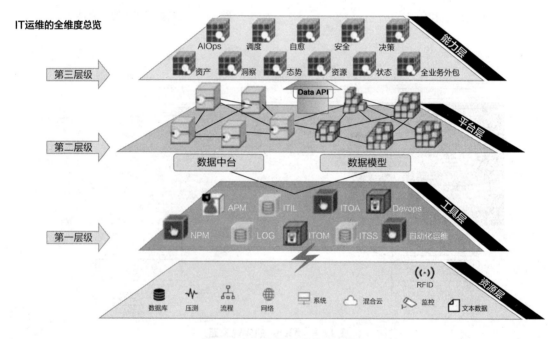

图 1-9  IT 运维的全维度总览

第一层级是工具层,就是通过各种监控、流程管控和自动化工具实现运维的基础管理,掌握整体的 IT 环境状态。

第二层级是平台层,通过运维数据的模型建设实现运维数据平台的统一管理并形成资产化,以此来支撑能够满足未来极大丰富业务场景 AI 分析的数据中台,并形成完整的数据供应链。

第三层级是能力层,通过 AI 分析实现资源优化、态势感知、业务洞察等各种能力的培养,实现智慧运营。

数据的支撑是 AIOps 最主要的基础。然而,要基于复杂的海量实时异构数据来开展类人工智能的机器学习训练也是一项挑战。各种监控工具、自动化工具和流程工具都在实时产生数据,将这些数据整合是困难和复杂的,其挑战在于:

- 能否实现清晰的数据架构和数据目录体系。
- 能否实现统一的数据标准和高可靠性的数据质量保障。
- 能否构建准确统一的数据标签(数据业务语义识别)。
- 能否实现无障碍的、高效共享的数据供应链。
- 能否建立完整统一的基础数据支撑平台。

这样的需求,为运维数据治理工作提供了方向,并且企业完成了这样的工作,也就实现了运维数据的资产化管理。

通过数据治理实现运维基础数据平台建设,是 AIOps 的必由之路。可以预见的是,随着分析能力的增强与提升,未来 AIOps 的业务场景将是极大丰富且非常多元化的,数据平台坚如磐石般地支持前端的分析创新,正是企业运维管理的重要保障。

基于 AIOps 的智能运维,体现的是多种运维技术的融合,融合的重点在于数据、策略、流程、执行和可视化的联动,其中:

- 数据是智能运维的源泉和基石。
- 策略是分析大脑。
- 流程是联动整个平台的中枢。
- 执行是以自动化手段为抓手。
- 可视化将整个平台予以聚集并统一直观展示。

数据平台就是智慧运维的大脑！这是某大型银行运维负责人员给出的关于运维数据平台的定位。

那么，应该如何构建一个高效的、可以支撑未来多变的 AIOps 应用的数据平台？

本书试图通过对于运维数据治理的差异化分析提炼出运维数据管理的特点和方法，并通过对运维管理数据开展治理的最佳实践介绍来构建一个统一的运维数据管理平台，从而为 AIOps 提供数据支撑，希望能为客户的智慧运维管理带来全新的理念和思路！

# 第 2 章　需求分析

## Chapter Two

## 2.1　企业数据治理概论

在介绍运维数据治理之前，我们首先需要对企业面向业务的数据治理有一定的理解。

应该承认，国内企业在大数据技术成熟并得到广泛应用之前并不是很重视数据治理。国内有太多企业匆忙之间建设了数据平台然后又发现报表不准、数据质量不高或是业务场景模糊，从而造成项目失败或是没有达到预期效果的案例。在付出了高昂的学费代价后，数据治理工作的意义与作用才逐渐被企业理解并接受。

数据治理工作在今天已经被企业认为是一项必要的基础工作，数据资产化也已经在广大客户中得到共识，并被提升到企业实现数字化转型的重要基础与保障的高度。即使是对正在铺天盖地广泛宣讲的数据中台技术而言，数据资产管理也是其核心组件。

如图 2-1 所示，企业在开展数据平台建设的过程中，必须首先通过数据治理摸清"家底"，梳理清楚企业数据架构和数据目录体系，并通过数据标准管理和数据质量管理来保证进入平台数据的高可靠性。然后，构建企业核心的数据主题域建设和业务数据模型，由此完成企业的数据资产管理，并通过数据模型实现全局的数据标准的统一。最后，构建数据集市或通过数据中台封装后以 DATA API 的方式共享给业务部门并开展自助式分析，形成快速决策和业务创新的能力。

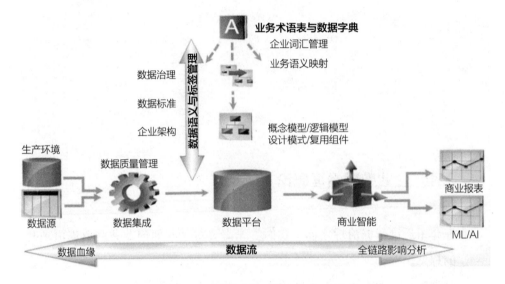

图 2-1 数据治理支撑数据平台建设

企业数据治理并不是崭新的技术，相反，由于长时间的历史积累，在传统企业数据治理领域，除数据资产价值评估尚处于探索阶段外，企业数据治理从理论到最佳实践，从系统平台到组织架构设计，以及岗位职责的制定和制度管理都是趋于成熟且比较清晰完善的。

早在 1988 年成立的国际数据管理协会（The Global Data Management Community，DAMA）对企业数据治理理论的研究已经持续了超过 30 年。DAMA 致力于企业信息和数据管理的研究、实践及相关知识体系的整理，在数据管理方面有极为深厚的知识沉淀和丰富的经验。

数据治理由宏观层面和微观层面组成。宏观层面就是以企业数据架构为核心的数据管理体系建设，微观层面其实就是对数据开展手术刀式的分析与整理。

其中，如图 2-2 所示的数据属性分析是数据梳理最重要的方法之一。

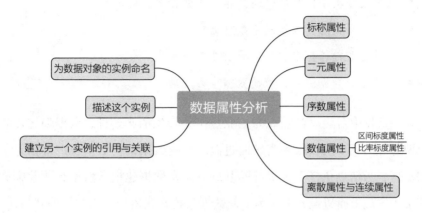

**图 2-2　数据属性分析**

数据架构是识别企业数据需求，并以这些数据需求为出发点设计和维护的主蓝图。如图 2-3 所示，从企业数据治理的宏观层面来说，企业数据架构以企业数据架构为龙头，以面向业务支撑为方向，由数据标准管理、数据模型、数据流等要素组成。

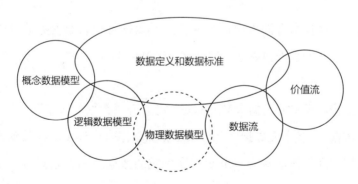

**图 2-3　企业数据架构的组成**

作为连接企业架构中其他三个架构（业务架构、应用架构、技术架构）的关键纽带，数据架构解决了业务与数据间的映射，规范了应用架构中的数据集成关系，指导了技术架构的技术选型。

数据架构对于企业而言具有四大作用：

- 从不同层次不同维度描述数据，为数据管理奠定基础。
- 定义数据状态，表达战略数据需求。
- 促进企业数据标准化，指导企业数据集成。
- 规范企业数据流转，拉通数据生命周期。

现在数据中台建设已经成为企业数字化转型的必选件，数据架构需要从以模型为导向逐步向以服务为导向过渡。传统数据架构更重视内部信息的建模和梳理，为信息化打下了很好的基础。未来数据建模依然是企业数据架构的基础，这点毋庸置疑，但是为了使数据架构真正落地，为数据消费端服务，未来在进行数据建模的同时需要考虑数据服务需求，提前确定服务水平协议（Service Level Agreement，SLA），这将会成为未来企业数据架构规划的重点。伴随未来 DataOps 等场景的出现，数据架构会越来越走向最终的数据消费端，这部分内容会有更多的变化和新发现。

（图片文字摘自龚菲 DG 数据治理，2019 年 7 月 18 日）

就数据治理技术层面来说，主要包括元数据管理、数据标准管理、数据质量管理、主数据管理和数据模型管理五个基础部分。

（1）元数据管理。

传统数据治理将元数据（Metadata）定义为"数据的数据"，是"描述数据属性的数据"。基于元数据管理形成了企业数据资产体系。元数据管理是企业开展数据治理工作的核心，由元数据生成的数据地图、数据目录和数据血缘等是数据治理成果重要而直观的展现。

元数据可以用于建立、管理、维护整个数据治理平台的资源库。元数据管理是数据治理平台中的关键构件，贯穿于数据治理平台各功能建立与执行的整个过程。

元数据管理的独特功能亮点在于用户并不需要对分散在不同系统、不同数据库或存储位置的数据实现集中存放管理,而仅仅通过元数据的抽取与分析就可以得到企业的全量数据视图,形成企业的数据目录体系,这是元数据管理的价值所在。所以,著名的 Informatica 公司将元数据管理定义为"一种新的操作系统"。

(摘自"无数据,不 AI:全面的数据管理是企业 AI 成功的关键"——Informatica 数据管理,2019 年 7 月 8 日)

元数据管理模块可以实现数据资产的盘点,通过系统自动采集可将项目过程中产生的逻辑/物理数据模型、报表设计、ETL[Extract(提取)、Transform(转换)、Load(加载)]加工等内容统一纳入元数据管理模块进行管理,实现数据资产的地图化展示,并通过解析数据流的加工关系实现影响和血缘分析,从而支持元数据进行统一的版本管理等。在完成企业数据结构和技术元数据管理的初始基线梳理后,就能够通过元数据管理模块来维护数据结构基线及变更过程;还可以建立元数据管理流程,并通过管理平台落地实施。

元数据地图是以图形的方式、分层次地展现各类系统中的数据构成,包括主题、表、字段等逐级钻取,以及各系统中的数据流图,用户可在同一个界面中直观地去查看不同层次的数据构成和流转情况。元数据地图可使用户快速地了解各系统中数据的流动路径,快速定位某一数据实体在系统中所处的位置,以及准确评估某一数据实体发生异常时对全局的影响。

元数据是"所有系统、文档和流程中包含的所有数据的语境",换句话说,如果没有元数据,组织 IT 系统中收集和存储的所有数据都会失去意义,也就没有业务价值。

(2)数据标准管理。

数据标准管理是指企业针对数据规范所开展的工作,统一的数据标准和规范是进行数据治理及应用的核心。数据标准化是一个完整的系统工程,包含规划、制订、评审、执行与发布、维护与监控、管理控制等多个环节，目标是构建"有标可依、依标可行、行而有效"的、可持续发展的标准体系。

数据字典（Data Dictionary，DD）就是一种比较典型的数据标准。数据字典是软件工程中用来记存应用系统中数据定义、结构和相互关联的概念，随着系统的复杂化和从建设到运行的全程管理的需要，数据字典逐渐发展成元库（Repository）。我们将IRP创建的、贯穿信息资源规划到应用系统开发全过程的元库称作信息资源元库（Information Resource Repository，IRR）。

一般的数据标准中会包括标准主题定义文档、标准信息项文档、标准代码文档三个文档。其中，标准主题定义文档：主要是记录数据标准的定义、分类，用于规范和识别数据的主题归属；标准信息项文档：记录数据主题的信息项业务属性（分类、业务含义、业务逻辑）和技术属性（类型、长度、默认规则）；标准代码文档：记录信息项固定码值的编码、分类、使用规则等。标准信息项文档是数据标准的核心。内容包括分类、业务描述和技术描述，一般由信息大类、信息小类、信息项、信息项描述、信息类别、长度共六项组成。当然这些内容也可以调整，例如可以将信息大类和小类进行合并，或者拆除更多层级。

信息大、小类是对信息项的常规分类，例如，客户信息大类包括基本信息、联系信息、关联信息、财务信息、风险信息、评价信息、往来信息七大类；信息小类包括客户编号、名称、证件、地址、评级信息、模型评分、等级、开办业务等。

信息项是用来描述一个事物的最基本元素。表示一个事物的识别、限制、数量、分类、状态，或事物间的关系。例如，客户信息的名称、年龄、性别等。

信息项描述是描写或者规范信息项的具体业务描述及界定。

信息类别是根据业务需求，定义相应的信息项在数据库中所需要的技术格式。例如，编号、标志、代码、金额、日期、数值、文本等。

长度是信息项的数据长度,可供各系统建设参考使用。

(3) 数据质量管理。

数据质量管理是为了提高数据的完整性、准确性、一致性、及时性和规范性,对数据的采集、加工、存储、应用等生命周期中每个阶段可能出现的质量问题进行主动识别并修正的过程。只有数据质量得到了保障,才能不断提升数据分析的利用质效和管理水平,所以说数据质量管理是整个数据管理工作的核心,贯穿整个过程。

尽管由于多方面原因,给信息系统的数据质量带来一定的负面影响,但仍可以采取一定的措施来提升信息系统的数据质量。近来随着信息化的深入,数据质量方面的工作也由原来的对数据质量的检查和纠错发展到建立全面数据质量管理(Total Data Quality Management,TDQM)上来。

为了改进和提高数据质量,必须从产生数据的源头抓起,从管理入手,对数据运行的全过程进行监控,密切关注数据质量的发展和变化,深入研究数据质量问题所遵循的客观规律,分析其产生的机理,探索科学有效的控制方法和改进措施;必须深刻认识数据质量问题的普遍性和特殊性,分领域、分阶段、有计划、有步骤地深入研究提高数据质量的理论和方法;必须强化全面数据质量管理的思想观念,把这一观念渗透到数据生命周期的全过程,用这一观念指导参与信息系统建设的每一位专业与非专业人员,为加强全面数据质量管理,以保证数据的精确性、完备性、一致性、及时性、唯一性、有效性,提供坚实的理论基础和技术支持。数据质量问题的产生,既有客观因素,又有主观因素。在实践中,必须建立良好的数据质量管理系统,克服大量主观因素的干扰,从源头上控制数据质量问题的产生和蔓延。信息系统是数据运行的依托和支撑,加强全面数据质量管理,必须抓好信息系统的建设、使用和管理。

实施全面数据质量管理,法规体系是根本保障。在信息系统建设的初期,就应当从法律、规章、标准等各个层次建立完备的法规体系,建立完善、科学的数据质量标准体系、评价体系、检查评估制度。只有这样,才能形成通用、共享、优质、高效的数据运行系统。健全的组织机构是实施全面数据质量管理的基础。应设置相应的组织机构，以不断完善数据质量管理系统，确定数据质量管理的整体目标和指标，制订切实可行的实现数据质量目标和指标的策略、方案，对数据质量及其管理过程进行检查、评估等。建立完备的数据质量管理法规体系和健全的数据质量管理组织机构，促进信息系统内部硬软件与人的有机结合，这样，就可以为加强全面数据质量管理，建立可靠的运行系统和完善的运行机制。美国在这方面走在了前面，美国政府通过法律、法规的形式对数据质量问题加以规范，同时相应的研究机构也开展了对全面数据质量管理的方法与技术的研究，这方面比较有代表性的是美国麻省理工学院（MIT）和美国国防部。

数据质量管理是一个持续、艰苦、逐步改善的过程，需要企业各部门全员和技术服务商都能够为数据质量的提升提供贡献。从业务人员对每个单据的录入，到数据开发人员对每行代码的编写，再到网络线路的稳定性等都会直接影响数据质量。需要将数据质量管理规范渗入到每个业务流程和每个技术服务合同中。

对全面数据质量管理过程的评估是实现数据质量管理过程不断优化，使数据质量持续改进的关键一步。科学地制订数据质量评价指标体系，适时对数据质量进行评估。通过对数据质量问题发生的时间、地点、频率和种类进行统计分析，回答"一些重要的错误发生在什么地方""有无某类错误比其他错误更频繁""为了高效地改进数据质量，应该主要在哪些地方下功夫"等关键问题，对一些重要错误进行定位，对某些频繁发生的错误进行考察，对制约质量提高的管理漏洞进行分析，从而掌握现行数据质量管理过程和方法的优缺点，研究改进措施，实现管理过程的不断优化。

在信息化建设过程中，应建立科学有效的数据质量管理体系，对信息系统的数据质量实施全程、全域和全员管理，将数据质量管理以制度化、规范化的方式落实到数据生成、传递和使用的各个过程、方面和人员之中，充分发挥信息系统在企业信息化进程中的基础性的作用。

(4) 主数据管理。

主数据管理（Master Data Management，MDM）可以保证系统协调和重用通用、正确的业务数据（主数据），使业务数据在整个企业范围内保持一致性（consistent）、完整性（complete）、可控性（controlled）。主数据管理通过一组约束和方法来保证一个企业内相关主题域和系统之间主数据的实时性、完整性和有效性。将主数据从各个操作及分析性应用系统中分离出来，使其成为一个集中的、独立于企业各种其他应用的核心资源，从而使企业的核心信息得以重用并确保各个应用间核心数据的一致性。

主数据管理的关键就是"管理"。主数据管理不会创建新的数据或新的数据纵向结构。相反，它提供了一种方法，使企业能够有效地管理存储在分布系统中的数据。主数据管理使用现有的系统，它从这些系统中获取最新信息，并提供了先进的技术和流程，用于自动、准确、及时地分发和分析整个企业中的数据，并对数据进行验证。

主数据管理解决方案具有以下特性：

- 在企业层面上整合了现有纵向结构中的客户信息以及其他知识和深层次信息。
- 共享所有系统中的数据，使之成为一系列以客户为中心的业务流程和服务。
- 实现对于客户、产品和供应商都通用的主数据形式，加速数据输入、检索和分析。
- 支持数据的多用户管理，包括限制某些用户添加、更新或查看维护主数据的流程的能力。
- 集成产品信息管理、客户关系管理、客户数据集成以及可对主数据进行分析的其他解决方案。

由于和主数据管理关联的方法及流程的运行与企业的业务流系统及其他系统彼此独立，因此这些方法和流程不仅能检索、更新和分发数据，还能满足主数据的各种用途。主数据管理通过将数据与操作应用程序实时集成来支持操作用途。主数据管理还通过使用经过授权的流程来创建、定义和同步主数据以支持协作用途。最后，主数据管理通过事件管理工具事先将主数据推送至分析应用程序来支持分析用途。

（5）数据模型管理。

数据模型是企业数据治理的高阶应用。

数据模型（Data Model）是数据特征的抽象。数据（Data）是描述事物的符号记录，模型（Model）则是现实世界的抽象。数据模型从抽象层次上描述了系统的静态特征、动态行为和约束条件。数据模型包括概念模型、逻辑模型和物理模型，是对企业全量业务数据的高度概括和准确表达。通过数据模型帮助企业实现数据架构的整体设计，清晰地展现了企业数据资产和数据目录体系，完整体现出了数据对业务和对实体关系的客观表达，并为企业开展统一化的数据系统建设提供平台级的保障。

如图2-4所示的一个完整的数据模型基本可以涵盖数据所能表达的全部信息，也能体现出数据对于实体和业务的准确反映。

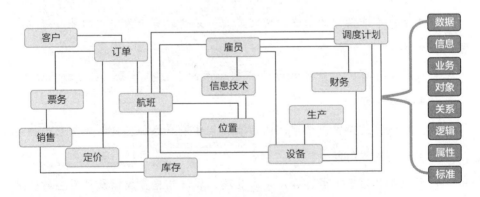

图2-4 航空公司业务数据模型示例

而从 IT 技术角度解读数据模型则主要分为概念模型、逻辑模型和物理模型，三者之间是逐步展开、逐步落地的关系。图 2-5 是基于 FEA 企业架构理论的数据模型说明。

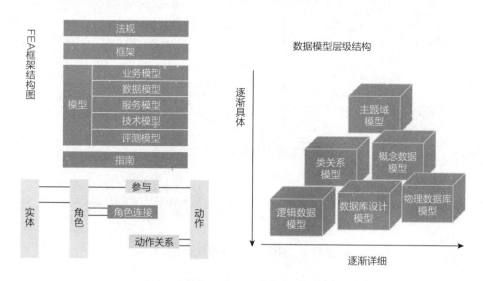

**图 2-5　FEA 企业架构理论**

*概念数据模型*：概念数据模型是能表示现实世界的概念化结构，通过概念实体及关系，从业务的角度对信息进行高层级的描述。概念模型能够让业务明白数据有什么，帮助数据与业务沟通和相互理解。

*逻辑数据模型*：逻辑数据模型在概念数据模型的基础上定义了各个实体的属性，是对概念模型的进一步细化，包括所有的实体、实体的属性、实体之间的关系以及每个实体的主键、实体的外键等。逻辑模型能够帮助数据与应用沟通和相互理解。

*物理数据模型*：物理数据模型是在逻辑数据模型的基础上，综合考虑各种存储条件的限制，将逻辑数据模型中的实体、属性以及关系转换成的物理元素（表、字段、索引等）。物理数据模型能够帮助数据与技术沟通，明确数据到底该怎么建、存储的位置等。需要注意的是，物理模型虽然属于数据架构的组件，但却不是数据架构的产物。

概念模型与逻辑模型的关系如图2-6所示。

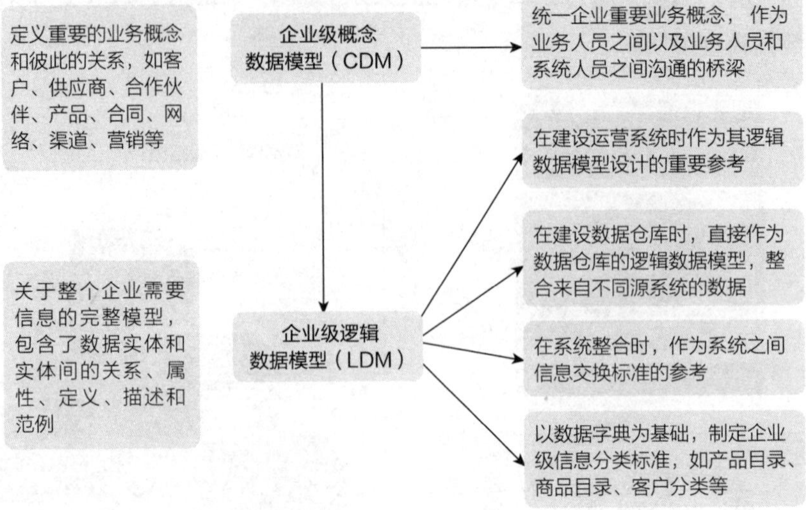

```
定义重要的业务概念           企业级概念           统一企业重要业务概念，作为
和彼此的关系，如客     →    数据模型（CDM）   →  业务人员之间以及业务人员和
户、供应商、合作伙                                系统人员之间沟通的桥梁
伴、产品、合同、网
络、渠道、营销等                                  在建设运营系统时作为其逻辑
                            ↓                     数据模型设计的重要参考

关于整个企业需要                                  在建设数据仓库时，直接作为
信息的完整模型，                                  数据仓库的逻辑数据模型，整
包含了数据实体和      →    企业级逻辑        →   合来自不同源系统的数据
实体间的关系、属           数据模型（LDM）
性、定义、描述和                                  在系统整合时，作为系统之间
范例                                              信息交换标准的参考

                                                  以数据字典为基础，制定企业
                                                  级信息分类标准，如产品目录、
                                                  商品目录、客户分类等
```

**图2-6 概念模型与逻辑模型的关系**

数据建模是现代数据治理的基础。数据建模使组织能够通过基于行业标准和最佳实践的直观式图形化工具来发现、设计并部署企业数据，使其可视化、标准化。除此之外，通过集成的概念、逻辑和物理模型将业务和数据资产的技术视图相结合，从而为整个企业的数据利益相关者之间的协作提供详细的基础。数据建模可以打破技术和组织孤岛，部署可重复使用的设计，进而分析标准并管理数据建模和定义流程，在提高数据质量和一致性的同时降低分析、开发和维护的成本。由此可见，数据建模是利用高质量数据源设计和部署新的关系型数据库和支持应用程序开发的最佳方法。

我国已经有众多大型企业开展了数据模型建设，包括三峡集团、建设银行、国家电网等。国家电网公共数据模型（SG-CIM）如图2-7所示，自2012年开始，国家电网在全业务数据中心建设中，通过企业统一数据模型建设实现了各网省公司数据平台的基线版本的统一，并将数据标准贯穿至模型中实现全局性的数据标准管理。

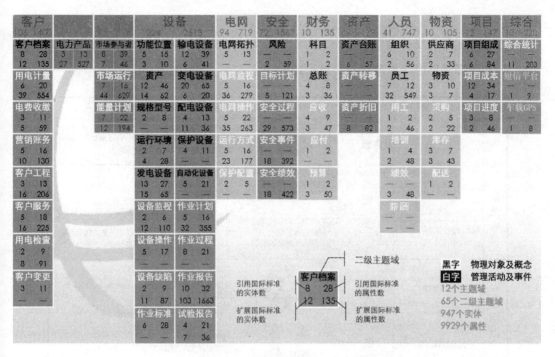

图 2-7 国家电网公共数据模型（SG-CIM）概览

在金融行业也已经有了比较成熟的金融业务概念模型。下图 2-8 是金融行业概念模型，该模型将金融行业的所有业务数据高度概括为九大概念，也是业界公认的金融（银行）数据模型规范之一。

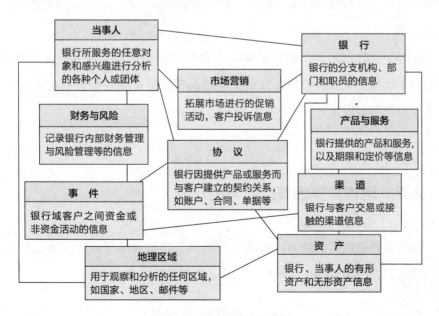

图 2-8 金融行业概念模型

有了高屋建瓴的概念模型，企业仅需要按照图2-9所示的阶段在逻辑模型和物理模型中予以落地执行就可以了。

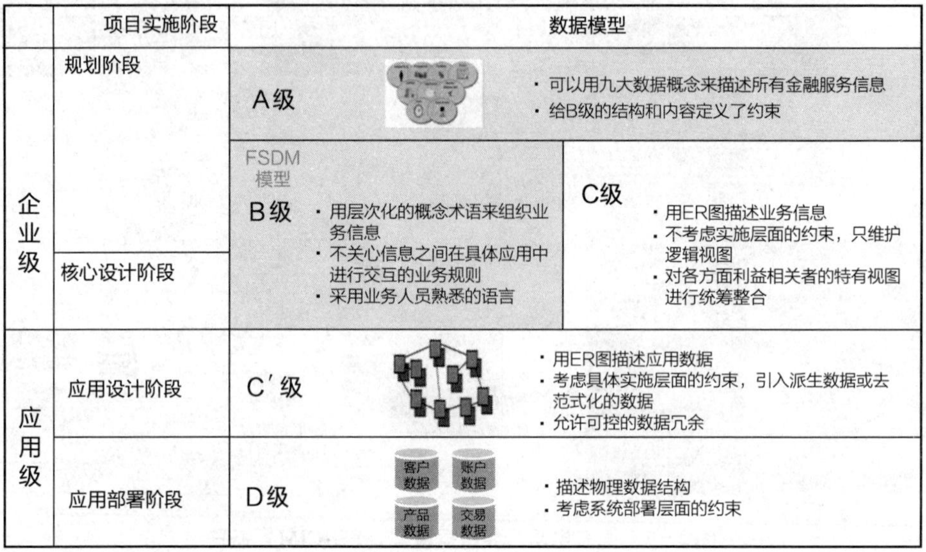

| 项目实施阶段 | | 数据模型 | | |
|---|---|---|---|---|
| 企业级 | 规划阶段 | A级 | | · 可以用九大数据概念来描述所有金融服务信息<br>· 给B级的结构和内容定义了约束 |
| | 核心设计阶段 | FSDM模型 B级 | · 用层次化的概念术语来组织业务信息<br>· 不关心信息之间在具体应用中进行交互的业务规则<br>· 采用业务人员熟悉的语言 | C级 · 用ER图描述业务信息<br>· 不考虑实施层面的约束，只维护逻辑视图<br>· 对各方面利益相关者的特有视图进行统筹整合 |
| 应用级 | 应用设计阶段 | C'级 | | · 用ER图描述应用数据<br>· 考虑具体实施层面的约束，引入派生数据或去范式化的数据<br>· 允许可控的数据冗余 |
| | 应用部署阶段 | D级 | | · 描述物理数据结构<br>· 考虑系统部署层面的约束 |

图2-9　从概念模型到逻辑模型到物理模型的落地

如果企业的业务领域没有成熟的概念模型，企业在开展数据治理的工作中可以参考已有的模型成果，也可以通过信息资源规划（IRP）来构建自己的数据模型。

作为企业数据治理的高阶成果，全业务数据模型具有举足轻重的地位。然而由于认知和投入的原因，目前企业数据模型建设除在特大型企业和金融行业中得到部分应用外，更多的行业领域尚存较大空白。

## 2.2　运维数据治理的差异化分析

面向业务的数据治理为运维的数据治理工作提供了很好的参考，其中有很多理论和方法都值得在运维数据治理工作中予以借鉴。

然而运维的数据治理与传统面向业务的数据治理还是有很大的不同的，这是因为运维数据相对于结构化的业务数据有如下特点。

- 海量数据：例如日志数据，大型企业已经达到每天几十太字节（TB）的数据量。
- 实时数据：运维数据中的日志数据、流量数据和网络监控数据等对于实时性要求更高，实时处理和实时分析是运维管理的主要特点。
- 格式众多：由于运维管理涉及所有系统，所以数据格式的种类包括 log、json、xml、csv、thrift、probuffer 等，此外，其中的非结构化数据将达到 95% 以上。
- 范围广泛：如果将 ITIL、工单、流程和知识等也作为数据类型，那么运维数据就需要对实体和业务进行更为全面的表达。

企业基础数据主要如下。

- 网络：网络性能、运行、监控等数据。
- 云管理：各种虚拟设备的状态、性能、运行等相关数据。
- 系统：系统性能、配置、巡检等数据。
- 应用：交易量、响应时间、资源指标等数据。
- 中间件：Weblogic、Tuxedo 性能数据和配置数据。
- 数据库：数据处理时长、数据库 CPU 运算时长等。
- 带库：容量、备份速率、备份成功率。
- 存储：IOPS、使用空间等。
- 批量：耗时、时长变化、开始时间、结束时间等。
- 流量：网络统计、报文等数据（包括安全领域攻击相关流量信息）。
- 监控：对象配置信息、告警数据、性能监控等数据。
- 业务痕迹：正常业务状态下，异常交易 IP 地址、交易时段、交易账户等。

- 办公痕迹：计算机的异常行为、异常状态的监控数据。
- 流程：各种相关的运行服务等流程数据。
- 机房管理：数据中心机房设备状态、地理位置、环境状态等数据。
- 其他：全局IT运行产生的其他相关数据。

所以，基于上述的不同，运维数据治理与传统的相比具有明显的差异，总结如下。

- 运维领域没有明确的、已经得到公认的运维业务概念模型，目前尚不能参考传统的从概念模型到逻辑模型再到物理模型的落地过程。
- 运维数据没有像业务系统那样简单、清晰地从系统数据库中直接获取的元数据。
- 运维的数据链路监控与影响分析是面向具体的服务业务场景的，而传统的数据血缘则是面向报表支撑的。
- 运维数据主要是海量的、丰富的、实时的监控数据以及配置文件等，这与传统的业务数据有很大的不同。
- 传统业务主数据的管理目标是保持并维护多个业务系统核心关键数据的统一，业务主数据具有比较明确的唯一性；而运维管理主数据系统的目标则是实现数据与实体之间的准确对应，并不要求唯一表达。
- 如前面所述，运维数据治理的直接目标是为运维数据平台建设和运维业务服务，上层目标是作为AIOps的高效运维服务业务的支撑。

由此我们可以得出结论，面向运维的基础数据治理与传统的业务数据治理从理论到方法都有很大的不同，这也是运维界面临的主要挑战。

将企业数据治理的理论与运维管理的需求和经验相结合是解决方案的出发点与主要依据。只有针对业务数据治理与运维数据治理的差异化分析制订面向运维数据治理工作的策略、原则和方法，才能从理论到实践给出设计思路和路线图，为运维数据治理工作点亮航标灯。

## 2.3 运维数据治理工作的策略与原则

IT 系统运维管理的天然使命就是在保障系统稳定运行的基础上实现危机洞察与风险可控、资源优化与合理配置的功能,达到成本集约化、运营稳定化和资产高效化的目标。

对于运维管理工作而言,服务是核心任务。对流程、岗位、系统、人员、设备、知识等运维要素而言,服务就是贯穿运维业务的主线。

所以,能够贯穿运维管理工作全局的只有数据和服务,这两者的对应与统一就是数据管理的目标。运维数据治理工作也需要将数据对服务的反映和支撑作为主要目标,也是对传统数据治理理论的新的贡献和补充。通过数据,及时反映服务的状态、服务的内容、服务的进程、服务的链路和服务的质量,是运维数据价值的具体体现场景。图 2-10 就描绘了通过数据反映服务闭环管理的思路。

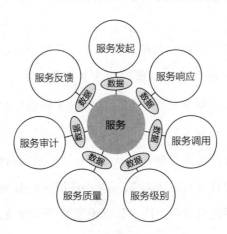

图 2-10 数据对服务的反映关系

综上所述，开展运维数据治理的策略是围绕着服务展开的，是通过对运维数据的梳理，实现全运维要素的统一收集与展现，并支持面向服务的数据画像和数据分析，为流程、人员、组织、事件、指标等提供数据反映与支撑，最终形成运维业务的服务画像。

同样，运维数据治理也有助于形成资产化管理，我们将这理解为数字化转型的基础。试想一台主机，在主机系统中它可能是一个名字，在网段中是一个IP地址，在资产清单中是一个资产编号。当这台主机从北京迁移到南京，基础架构体系变化了，网络架构变化了，资产清单变化了，这该如何统一管理呢？所以，数据资产化是一个可行的解决方案。通过数据治理，形成统一数据的业务标签，将主机名称、IP地址和资产清单实现一一对应，那么上述的这种迁移在系统上就是一个鼠标拖拽的过程，其他的对应已经自动完成，这样的系统当然会比较理想。

## 2.4　运维数据治理工作的创新思路

运维数据治理需要对企业基础数据实现全量梳理，确立运维元数据的范畴与管理方法，实现数据全链路监控与服务业务的映射，并将人员、流程、数据、知识等运维核心要素提炼，划分运维的主题域层级，完成运维数据架构体系规范，构建运维业务模型，逐步从物理模型中抽象出逻辑模型，最后实现概念模型，并通过运维数据管理系统实现运维数据的资产化管理。

由于运维范畴没有成熟的元数据管理，且传统的数据标准管理对于庞大的机器数据而言也不是很适用，同时数据模型对于运维管理也有各自的特点，所以我们创造性地提出了"广义元数据""广义数据标准"、运维主数据管理和"广义数据模型"的概念。

(1) 广义元数据。

广义元数据，是传统元数据概念在运维数据领域不能全部覆盖的情况下的理论延伸。运维元数据的"广义"主要体现在三个方面。

- 管理触角的前置：元数据的生成规则的定义。
- 业务触角的扩展：元数据对于运维业务的语义定义与反映。
- 资产范畴的丰富：元数据生成运维数据资产目录和资产地图。

例如，如图2-11所示，在日志数据中对具有业务价值的信息进行切分与定义，并形成日志元数据类型。

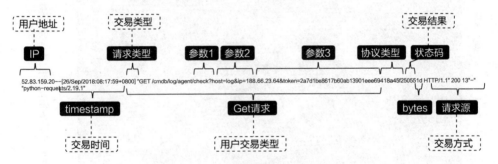

图2-11 日志数据的元数据切分与获取

而将交易链路与数据链路结合构建服务拓扑也是元数据应用的业务场景之一，形成如图2-12所示的完整的交易服务链路视角。

(2) 广义数据标准。

广义数据标准，也是传统元数据概念在运维数据领域不能全部覆盖的情况下的理论延伸。具体来说，就是将运维管理的各种规则均视为标准，例如，服务的请求与调用、工单的格式与流程、日志数据的切分与正则表达、事件的处理与效率的评估、容器资源的调用规则等，这些都可以被纳入到广义数据标准的范畴。例如，下图2-13所示的日志数据的生成规范就可以理解为运维的数据标准之一。

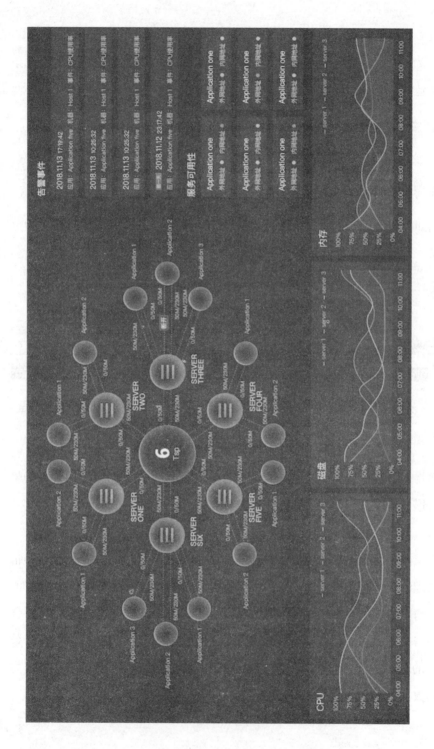

图2-12 数据与服务相结合的监控示意图

> **应用程序日志记录标准**
>
> **·0 概述**
>
> 　　为规范公司信息系统开发日志记录的标准，便于系统上线后对系统运行情况的监控，及时发现问题，并能准确快速定位问题，对问题进行分析、诊断、解决，特制订本标准。
>
> 　　本标准主要从日志分类、日志级别、记录规范、编程规范等方面进行描述。程序开发人员需遵循该标准进行程序开发，确保能够完整地记录程序运行时的不同类别的日志信息。

图 2-13　日志规范样例

如图 2-14 所示，Java 程序的编码规则也是一种数据标准。

> 目录
>
> 1 介绍(Introduction) .................................................. 4
> 　　1.1 为什么要有编码规范(Why Have Code Conventions) ......... 4
> 2 文件名(File Names) ................................................ 4
> 　　2.1 文件后缀(File Suffixes) ..................................... 4
> 　　2.2 常用文件名(Common File Names) ........................... 4
> 3 文件组织(File Organization) ..................................... 4
> 　　3.1 Java 源文件(Java Source Files) ............................. 5
> 　　　　3.1.1 开头注释(Beginning Comments) ....................... 5
> 　　　　3.1.2 包和引入语句(Package and Import Statements) ....... 5
> 　　　　3.1.3 类和接口声明(Class and Interface Declarations) ..... 5
> 4 缩进排版(Indentation) ............................................ 6
> 　　4.1 行长度(Line Length) ........................................ 6
> 　　4.2 换行(Wrapping Lines) ....................................... 7
> 5 注释(Comments) .................................................... 8

图 2-14　Java 程序的编码规则样例

如图 2-15 所示为构建运维数据标准与规范的制定流程框架。

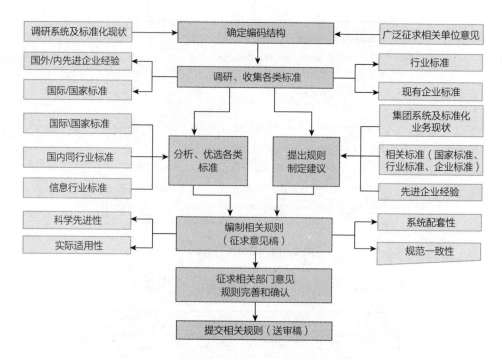

图 2-15 构建运维数据标准与规范的制定流程框架

（3）运维主数据管理。

运维主数据管理，是对运维数据中的核心资源的全生命周期管理。那么，什么是运维数据的核心，哪些因素是影响全局的数据呢？经过分析，我们将运维主数据定义为数据标签，也就是为数据加上业务语义识别的功能。理由如下。

- 数据标签本身就是数据的业务语义，其实是数据标准的一种。数据标签有三个内涵，一是 Host（Creator）/User，就是谁拥有（创建）和谁使用；二是集群与 IP 地址，就是数据的物理归属与位置；三是业务含义，表明反映的是业务的哪一种属性或是状况以及关联关系，包括使用了哪一项数据标准规范。

- 数据标签的创建和使用是否规范一致会直接影响到数据平台的质量与实施效果。未来当业务人员开展自助式分析的时候是否能够完整正确地理解数据的业务含义至关重要。
- 数据标签覆盖并贯穿于整个数据平台，既是逻辑概念也是物理概念，实现全局数据语言，可以帮助业务人员自助实现数据理解。

需要强调一点的是，运维主数据与传统业务主数据之间最大的不同是非唯一性。传统业务主数据强调了全局数据含义、格式、表达方式的统一一致。然而运维主数据由于数据可能存在的多重属性，数据表达是不唯一的，所以运维主数据的管理强调的是对应的统一。如前面的例子，实际工作中需要对网段IP地址、主机名称、资产编号、集群位置（物理位置、逻辑位置）等实现准确映射，并在其中某项发生变化的时候可以快速调整。

（4）广义数据模型。

对于运维数据来说，广义数据模型最大的区别就是主题域，是库表，也就是实体，而不是逻辑上的概念，它是最直接的物理存储的单元。传统的数据治理系统或数据模型其实是一种旁路监测的状态，这是可以满足实时性要求不高的结构化数据管理的。而运维数据的管理却实时性特点突出，旁路监测不能满足管理需求，所以我们创造性地提出实体数据模型库建设理论。如元数据管理中所描述的，元数据产生后将直接进入到模型库的对应主题概念域中并形成实体保存。模型库仅对做好处理的元数据进行存储与管理，海量的原始数据将另行存放在各自的系统中。如图2-16所示，我们对日志数据将同时采用存储和解析动作，存储就是将原始数据直接存入数据湖或是ES系统中。

未来，当需要创建新的数据应用或是数据分析的时候，就可以直接从模型库中检索、查询并读取数据，而不需要通过搜索引擎在海量的日志数据中进行查找。这与数据中台如出一辙，不同的是，数据中台是将数据应用的各种集市或是报表进行封装，通过Data API加以调用。

这样设计的模型库，实际上是与数据平台的紧耦合，是数据平台的基础核心。通过数据模型库，可以直接生成数据集市，进而实现数据供应链。

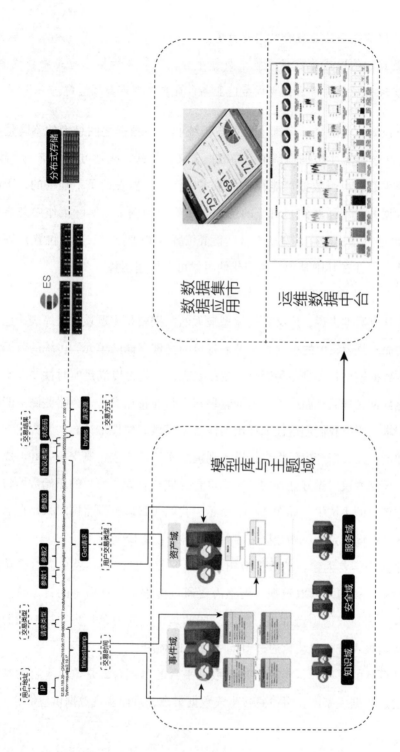

图2-16 元数据模型库示意图

# 第3章  解决方案——企业基础数据平台建设

## Chapter Three

我们认为，企业未来应该拥有业务数据平台和（运维）基础数据平台，两大平台共同发力，就能够实现对企业全量数据的科学高效管理和智慧应用。图3-1试图说明两大平台的主要关系。

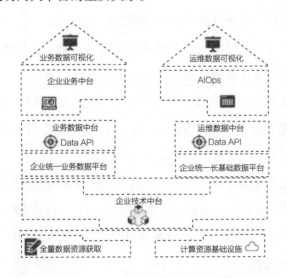

图3-1  企业两大数据平台的主要关系

其实，企业数据中台（见图3-2）是面向业务支撑的数据供应链中的一个逻辑设计，中台的核心就是通过数据资产化管理以及数据封装，实现数据的统一供给与共享。

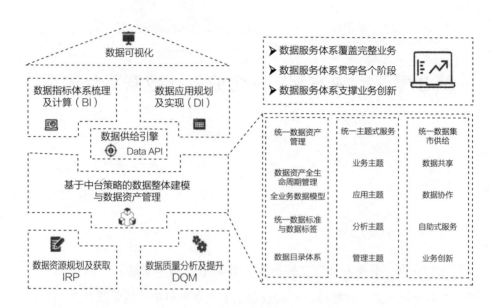

图3-2 企业业务数据中台的主要组成

企业基础数据平台是企业基础数据资源的采集、处理、加工的支撑系统，通过更细精度和更广维度的企业基础数据的采集，以规范的形式集中企业基础信息资源，成为企业基础信息共享与应用的核心平台。

企业基础数据平台既可以发挥保障业务系统平稳运行的支撑作用，以及安全监督、管理审计等职能，也可以对企业的内部信息资源进行整合，形成信息资产管理，并对内开展降本增效的业务创新。

既然两大平台之间存在交互关系，数据又该如何界定范畴呢？

基础数据不是企业的业务数据，而是支撑企业系统运行管理的、由IT和弱电系统自己产生的数据，它包括各种日志数据、流量数据、性能数据、告警数据和机房数据等。

交易的具体业务数据包括交易量、交易种类等，它们属于业务数据平台，而交易时长、交易系统运行的顺畅平滑程度则属于基础数据平台。

图3-3反映交易状况从web发起到SQL处理的进程视图，这些都是典型的基础数据资源。

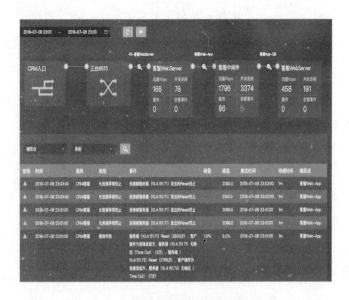

图 3-3 系统监控视图

企业构建基础数据平台，需要摸清基础数据的"家底"，梳理基础数据目录体系和数据资源，并对未来的应用规划明确思路和方向。一头一尾清楚了，数据平台的成功也就有保障了。

## 3.1 运维数据管理系统

运维数据治理系统是将运维数据治理成果落地并执行的必要载体，也是运维数据平台的重要组成部分和支持保障体系。通过运维数据治理梳理的运维数据目录体系需要在系统中予以维护，并根据整体的数据架构开展运维数据平台的架构设计。甚至，运维数据形成资产管理后也可以支撑运维数据中台建设。

运维数据治理系统将肩负三大核心任务：

- 将企业基础数据资源的梳理成果通过系统进行维护、贯彻和执行，例如数据标准的建立与执行，数据质量的验核执行等。
- 为基础数据平台的架构设计提供支撑，生成基础数据目录体系并由此开展数据平台架构设计。
- 将企业基础数据资源形成资产化管理，并成为具有广泛应用前景的运维数据中台建设的基础模块。

运维数据治理系统由数据资产管理和数据模型管理两个部分组成，互为支撑。数据资产管理包括元数据管理模块、数据标准管理模块、数据质量管理模块和主数据管理模块。如前面分析的，运维数据治理系统需要将广义元数据、广义数据标准、广义数据模型和运维主数据管理作为基本模块，同时形成运维的数据质量管理规则并对数据质量加以控制。

图3-4明确了运维数据治理体系在整体数据平台中的位置。

下面逐个介绍数据治理系统中各模块的主要功能设计。

## 1. 元数据管理模块

元数据模块主要功能设计包括：

- 提供企业级运维数据字典，便于内外部客户更好地了解企业数据概况。
- 提供元数据查询检索，便于用户快速定位元数据。
- 提供元数据详细描述，使用户了解数据组成、结构及数据流向。
- 提供血缘/影响分析功能，便于用户进行分析判断、问题定位。
- 提供元数据接口服务，便于其他系统或模块使用元数据服务。
- 提供元数据应用，方便终端用户使用元数据。

元数据模块中包含以下功能。

# 第3章 解决方案——企业基础数据平台建设

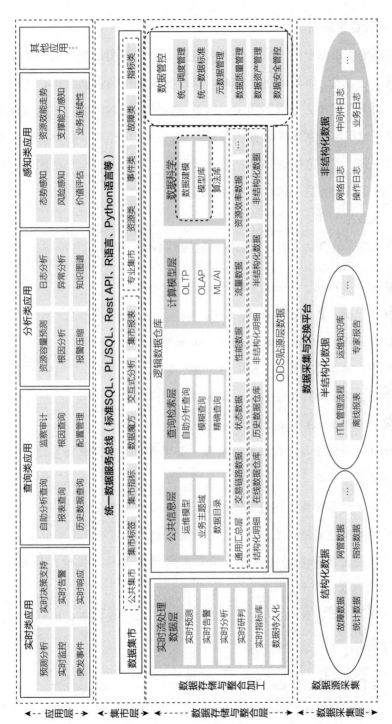

图3-4 数据治理在AIOps平台的逻辑架构

(1) 元数据地图。

元数据地图以图形的方式、分层次地展现企业各类运维系统中的数据构成,包括主题、表、字段等逐级钻取,以及各系统中的数据流图,用户可在同一个界面中直观地去查看不同层次的数据构成和流转情况。元数据地图可使用户快速地了解各系统中数据的流动路径,快速定位某一数据实体在系统中所处的位置,以及准确评估某一数据实体发生异常时对全局的影响,从数据层面反映运维服务这一核心主题的状态。

(2) 元数据采集。

支持元数据的自动采集。采集接口包括但不仅限于以下内容。

- 数据库:Hive、Oracle、SQLServer、MySQL 等。
- 建模工具:PowerDesigner、Erwin 等。
- ETL 工具:Informatica、Kettle、ctrl-m 等。
- 程序:各类存储过程、SQL 语句脚本等。
- 前台工具:BO、Cognos、Smartbi 等。
- 支持定制 Excel 采集模板数据的导入。
- 支持企业复杂异构数据源的采集,提供自动采集元数据接口,可根据业务需要扩展元模型。
- 支持通过界面或图形的方式进行元数据及关系的维护。
- 通过元模型定制采集模板时,对采集模板的需求变化具有很强适应性。
- 支持批量的导入功能,支持多种固定的批量导入模板,如 Excel 和 XML 格式。
- 支持基于广义数据标准制订的数据切分、解析规则产生的元数据获取功能。

(3) 元数据查询、导出、版本管理。

支持元数据分类型、分主题的精确查询以及关键字模糊匹配查询,在查询的基础上支持批量的导出功能，可以常见的 Excel 和 XML 等格式导出。

元数据版本管理功能支持对元数据进行不同历史版本的管理、变更和版本信息发布，同时便于查看元数据的历史版本信息和轨迹记录，支持定期提供变更轨迹报告。

（4）元数据分析。

影响分析：主要分析与数据有关的改动会影响到别的什么地方，或者观察数据对象还依赖于别的什么对象。例如，使用交叉工具对数据质量影响进行分析时，可分析出数据对象在数据处理链条上的所有依赖关系，并支持图形化展示结果。

血统分析：可以对由系统产生的某一个指标或者报表元素进行血统分析，即已知某一数据项，查找出该数据项从源系统到前端展示的与若干 ETL 过程相关的数据项、计算方法、计算公式，形成该报表元素。

数据表分析：支持表重要程度分析和表无关程度分析。有的表使用频率特别高，就需要加倍小心，多做优化。通过元数据管理平台就可以列出不同重要程度的表。数据表分析支持图形化展示结果。

运维服务分析：支持通过元数据的影响发现运维管理中数据之间的关联关系对服务的影响分析。

## 2. 数据标准管理模块

数据标准管理模块对于 IT 运维来说至关重要，数据标准化是统一企业数据语言的必要措施。

为了加强业务人员和技术人员对数据认识的一致性，需要建立数据标准管理组织、规范数据标准管理流程，并建立数据标准管理平台来辅助数据管理的执行。

系统的建设可更好地集中、统一保存和处理数据标准内容，为数据标准的管理和应用提供"一站式"服务；提供数据标准的应用、管理、执行、分析等功能，与数据质量管理模块和元数据管理模块的功能良好集成，提供全面数据管理的扩展应用。

数据标准管理模块主要功能如下：

（1）数据需求的管理。

实现对数据需求的统一管理和登记，包括需求的来源部门、更新频度、需求目的、需求负责人等，可通过该功能实现与需求相关的模型设计、开发、测试和上线等工作量的人工登记管理，同时可与报表功能、接口功能联动，查询到每个需求所涉及的报表和接口的定义。

（2）标准代码的管理。

实现对企业内部各类代码定义的增、删、改、查管理。支持代码的批量导入、导出。代码的修改需要保存历史轨迹，支持代码的轨迹查询。可以按照某个代码类型或者具体的代码值进行精确查询，也可以根据描述信息进行模糊查询。

支持多级代码的维护和管理，并可以通过树状形式对多级代码进行展示。

日志数据的代码格式就是一种数据标准的管理。

（3）报表的管理。

支持对企业的各类统计分析功能及报表的统一管理，包括报表的编号，需求来源部门，归属主题，需求提出的背景、时间及适用对象等内容。

支持需求的批量导入和导出功能，可按照报表编号进行精确查询，也可按照名称或描述信息进行模糊匹配查询。

报表所用到的指标可与指标定义功能联动，通过报表查看功能来查阅报表所用到的指标及指标的详细定义。

（4）接口的管理。

实现对跨系统调用的数据接口的管理，包括调用方系统、提供方系统、接口定义格式、更新频率、增量规则等，可通过该功能实现对数据接口的统一定义、查询浏览、跨系统的数据追溯。

(5) 指标定义的管理。

支持企业各类统计指标的统一维护和管理,包括指标的编号、分类、管理部门、适用范围等。

支持指标定义的 Excel 批量导入、导出功能,可根据指标编号进行精确查询,也可按照名称及定义内容进行模糊匹配查询。

与报表管理功能联动,在查阅指标定义等各类内容的同时,查阅使用该指标的报表列表及详细信息。

(6) 制度规范的管理。

支持与企业各类数据相关的制度规范文档的分级、分目录管理,支持文档的上传和下载,可根据不同的权限浏览不同的内容。

### 3. 数据质量管理模块

全面数据质量管理的思想强调:必须在信息系统建设的初始阶段直至全过程把数据质量管理列为中心和焦点;必须使参与信息系统建设、使用和管理的每一个人员都有分工、有合作地介入数据质量管理的实践中;必须形成一套集计划、实施、评价、分析为一体的科学有效的管理措施,实现数据质量及管理过程的循环式改进和优化。这个循环过程可以用图 3-5 表示。

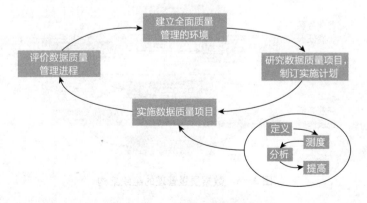

图 3-5 数据质量闭环管理

从图3-5中可以看出，实施全面数据质量管理是一个循环往复的过程。

作为全面数据质量管理过程的第一步，建立全面数据质量管理环境通常是最困难的。数据质量管理部门应积极引导，从道德文化环境、制度法规体系、理论方法体系、人才培养与训练系统等方面，为建立全员、全时空的数据质量管理环境创造条件。营造信息系统建设的专业及非专业人员之间的合作氛围，建立完善的数据质量管理法规标准，促使信息系统建设、使用和管理的专业人员及用户，能够在信息系统建设、使用和管理的全程相互合作，共同为提高数据质量而努力。

企业数据质量管理部门制订企业内部统一的数据质量管理方案，并建设统一的数据质量检查标准；各业务系统对各自的业务数据质量负总责，指导相关人员把控数据质量；各业务系统操作人员对本系统业务操作的数据质量进行严密监控、错误修改等，形成数据质量三级管控机制。制定包括数据标准管理、数据更新管理、数据进出库管理、数据使用管理、数据质量责任制等一系列配套的管理制度。图3-6说明了这种职权关系。

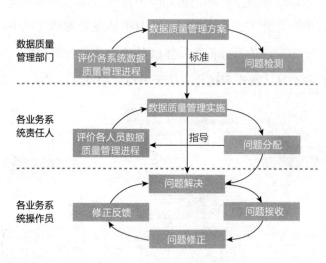

图3-6 数据质量管理的组织架构

通过专门的团队或个人制订全面数据质量管理的实施计划，包括该数据质量管理计划的总体目标和方向，达到既定目标所应采取的策略和方案，以及测度数据质量管理规划完成的情况。通过计划管理和目标的分解细化，保障信息系统建设的全面数据质量管理得以顺利实施。计划是制订后续实施环节的一个必不可少的前提。

全面数据质量管理措施的实施：进行全面数据质量管理，应当首先制订全面数据质量管理的战略规划，确定数据质量需求、确立数据质量标准。然后，对数据质量进行分析，查找和验证劣质数据产生的原因，选择有效的数据质量改进时机，制订可行的数据质量改进方案，并对每个方案制订具有可操作性的计划。最后，选择改进方案并执行。

根据企业的当前环境和数据需求特征来开发相应的数据质量管理系统，打造集数据模型的数据质量监测、质量修复、质量综合报告于一体的数据质量核心系统。

数据质量管理框架如图3-7所示。

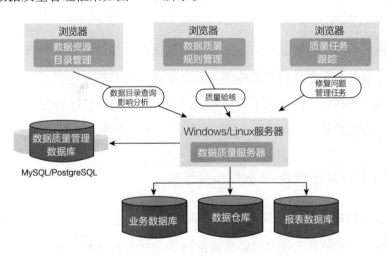

图3-7 数据质量管理系统设计

运维大数据管理与传统数据质量管理的方法体系基本一致，其特点体现在大数据的多来源、多种类等特性所带来的管理复杂度的增加。主要表现为以下几个方面。

(1) 数据源多、数据种类多。

数据来源的复杂和多样性使数据整合的难度大大增加。各个数据源在维度上需要保持一致，否则整合就无从谈起；另一方面，数据种类多，使得来源于不同组织的数据整合难度剧增。

(2) 不受控制的重复使用。

在大数据应用中，各种结构化或非结构化数据被多个使用者共享和使用。不同的业务场景有着各种应用，也有着各自的数据使用方式，其导致的直接后果就是相同的数据集在不同业务场景中的诠释不同，为数据的一致性带来隐患，从而影响数据的有效性。

(3) 质量控制的权衡。

对于第三方数据、互联网或物联网采集数据这样来源于外部的数据，很难在数据产生过程中采取控制手段来保障质量。当内外部数据不一致时，必须做出权衡：修正数据使其与原始数据不一致，或牺牲数据质量来保持与原始数据的一致性。

(4) 数据的"再生"。

在传统的数据管理过程中，历史数据往往会在数据生命周期的后期转为冷存储。而在大数据分析和应用中，历史数据与实时数据得到了有效整合和利用，数据的深度挖掘带来了历史数据的更充分利用，意味着在大数据生态链中，大数据质量管理将关注不同阶段的跨生命周期管理能力。

## 4. 主数据管理模块（数据标签管理）

主数据管理（Master Data Management，MDM）描述了一组规程、技术和解决方案，这些规程、技术和解决方案用于为所有利益相关方（如用户、应用程序、数据仓库、流程以及贸易伙伴）创建并维护业务数据的一致性、完整性、相关性和精确性。

对于运维管理来说，之所以将数据标签定义为主数据，是因为不论运维人员的岗位职责还是业务流程，抑或是未来可能开展的 AIOps 数据分析，对于数据的理解都是共性要求，引起歧义或是无法理解的数据是不能支撑智能运维的。

数据标签的直观表达就是数据的业务术语管理（见图3-8）。

**图3-8 数据指标与标签管理**

运维主数据管理需要通过单一系统实现多领域的数据标签集中管理。从而消除点对点集成，简化数据结构，降低维护成本，改进数据治理。主数据管理能够通过以下步骤帮助企业成功进行多领域主数据管理。

（1）建模：用灵活的数据模型定义任意类型的主数据。

（2）识别：快速匹配和准确识别重复项目。

（3）解决：合并以创建可靠、唯一的真实来源。

（4）联系：揭示各类主数据之间的关系。

（5）治理：创建、使用、管理和监控主数据。

（6）接口：系统提供业务用户和数据管理员可访问的强大接口，从而实现完整的数据管理和数据异常处理，支持浏览不同主数据实体中的多层次结构。

（7）支持企业各类业务术语的统一维护和管理，包括术语的分类、术语的中英文描述规范等。

（8）支持各类术语的Excel批量导入、导出功能，可根据术语的中英文名称进行模糊匹配查询。

（9）支持数据标签的众筹模式。

（10）支持各种数据属性的对应与变化调整。

## 3.2 运维数据模型建设思路

数据模型是企业业务的全景式数据视图，数据模型包括了覆盖企业业务的概念模型、逻辑模型和物理模型。数据模型建设需要通过数据资源梳理来实现。数据资源梳理是对数据信息模型的解读与重构。数据信息模型如图3-9所示。

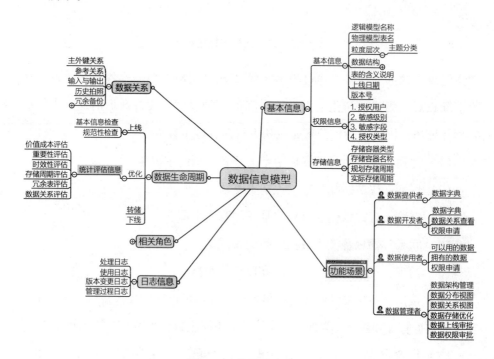

图 3-9　数据信息模型

对于数据资源梳理需要遵循 FEA 架构或 Zachman 等科学方法论，通过信息资源规划（IRP）理论予以完成。

图 3-10 是数据梳理的 Zachman 框架。

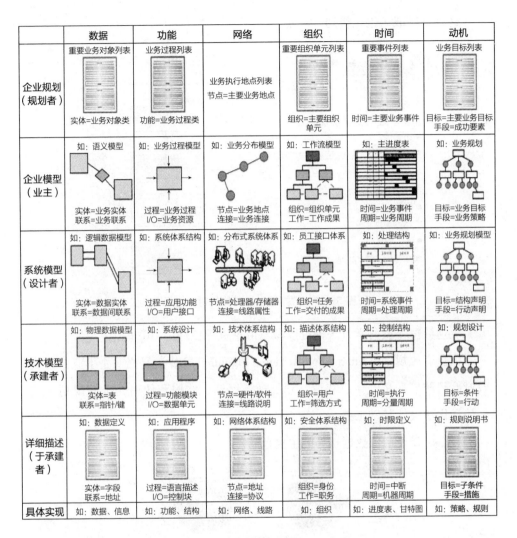

图3-10 数据梳理的Zachman框架

如图3-11所示,这种梳理应遵循全面贯通的数据梳理逻辑。

由于运维管理领域尚没有成熟的概念模型,所以不能走传统的自上而下的实施路线,必须通过基于科学方法论的梳理,从业务模型到物理模型,再提炼为逻辑模型,最终高度抽象出概念模型。抽象的数据分类或标签,可以有子类(subdomain)。覆盖运维原始数据、衍生数据,可以单独或关联性地共同支撑智能运维的所有应用场景。

这既是挑战，也是机遇。

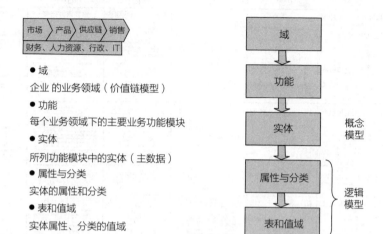

- 域
  企业的业务领域（价值链模型）
- 功能
  每个业务领域下的主要业务功能模块
- 实体
  所列功能模块中的实体（主数据）
- 属性与分类
  实体的属性和分类
- 表和值域
  实体属性、分类的值域

**图 3-11　数据模型与实体的对应逻辑**

梳理数据模型科学方法论可以参考信息资源梳理的 IRP 理论。

信息资源规划（Information Resource Planning，IRP）是指对企事业单位或政府部门的信息从产生、获取，到处理、存储、传输和使用的全面规划，它是信息化建设的基础工程。

图 3-12 表达了数据规划的主要范畴。

**图 3-12　数据规划的主要范畴**

图 3–13 说明了数据资源规划体系与数据资源管控体系的关系。

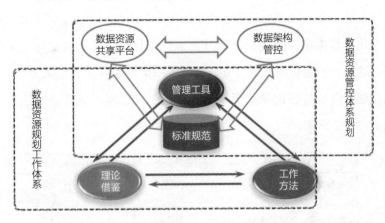

图 3–13　数据资源规划体系与数据资源管控体系

可以将数据资源规划理解为建立企业数据管控体系的基础和依据，而数据资源的不断丰富与变化也为数据资源管控体系的优化和调整提供了借鉴与参考的标尺。

IRP 以工程理论方法为指导，遵从标准规范，是利用科学的软件工具帮助我们看清现行流程的现代化网络工具。利用 IRP 梳理现行流程，以形象直观的方式表达现行流程，可以让企业的业务人员、管理者和决策者从不同的角度审视现行流程，结合现代管理思想和企业环境，兼顾企业自身对流程优化冲击的承受能力，去做切合实际的业务流程优化，为业务流程、数据统一两个基本方面奠定了坚实的基础，大大降低了实施数据项目的风险。

在信息资源规划阶段，IRR⊖的内容包括：各职能域或现有应用系统之间以及与外单位交流什么信息，现有应用系统和新规划的应用系统处理什么信息，即已有哪些信息资源、要开发哪些信息资源；在系统建设阶段，IRR 的

---

⊖ IRR 即信息资源元库（Information Resource Repository），简称信息元库，这里既是指企业信息元库，同时也是元数据库的形式之一，而 IRP 则是企业信息资源梳理的方法论。通过 IRP 的梳理可以形成企业信息元库（IRR）。

内容包括：数据库设计、信息分类编码设计、数据环境重建信息、应用系统整合、开发等；在系统运行阶段，IRR 的内容如图 3-14 所示，主要包括：信息结构变化、数据定义变化、信息分类编码变化、信息处理变化、应用系统变化等。这样，信息资源元库（IRR）就将一个企业（尤其是大型集团企业）的信息化建设发展过程记录了下来，管理了起来，因而成为企业信息化的核心资源。

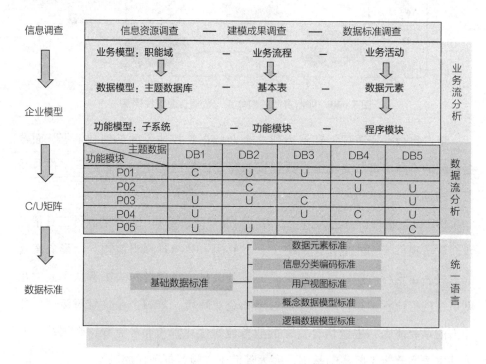

图 3-14　信息资源规划的方法论

经过梳理后的数字资源呈现出如图 3-15 所示的与实体、业务、流程之间的对应关系。

对于数据资源的分析遵循表 3-1 中的关键要素。

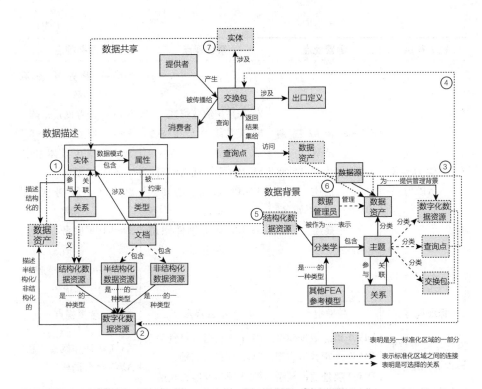

**图 3-15　数据与实体、业务和流程之间的对应关系**

**表 3-1　数据资源分析的关键要素**

| 能力视点 | 运营视点 | 系统视点 | 服务视点 |
|---|---|---|---|
| CV-1 构想 | OV-1 顶层作战概念图 | SV-1 系统接口描述 | SvcV-1 服务语义环境描述 |
| CV-2 能力分类 | OV-2 作战资源流描述 | SV-2 系统资源流描述 | SvcV-2 服务资源流描述 |
| CV-3 能力阶段划分 | OV-3 作战资源流矩阵 | SV-3 系统-系统矩阵 | SvcV-3a 系统-服务矩阵 |
| CV-4 能力依赖关系 | OV-4 组织关系图 | SV-4 系统功能描述 | SvcV-3b 服务-服务矩阵 |
| CV-5 能力与机构发展映射 | OV-5a 作战活动分解树 | SV-5a 作战活动与系统功能跟踪矩阵 | SvcV-4 服务功能描述 |
| CV-6 能力与作战活动映射 | OV-5b 作战活动模型 | SV-5b 作战活动与系统跟踪矩阵 | SvcV-5 作战活动与服务跟踪矩阵 |
|  |  | SV-5c 作战活动与服务矩阵 |  |
|  |  | SV-6 系统资源流矩阵 |  |
|  |  | SV-7 系统度量矩阵 |  |

（续）

| 能力视点 | 运营视点 | 系统视点 | 服务视点 |
|---|---|---|---|
| CV-7 能力与服务映射 | OV-6a 作战规则模型<br>OV-6b 状态转换描述<br>OV-6c 事件跟踪描述 | SV-8 系统演变描述<br>SV-9 系统技术和技能预测<br>SV-10a 系统规则模型<br>SV-10b 系统状态转换描述<br>SV-10c 系统事件跟踪描述 | SvcV-6 服务资源流矩阵<br>SvcV-7 服务度量矩阵<br>SvcV-8 服务演变描述<br>SvcV-9 服务技术和技能预测<br>SvcV-10a 服务规则模型<br>SvcV-10b 服务状态转换描述<br>SvcV-10c 服务事件跟踪描述 |
| 标准视点 | 数据视点 | 项目视点 | 全景视点 |
| StdV-1 标准概要<br>StdV-2 标准预测 | DIV-1 概念数据模型<br>DIV-2 逻辑数据模型<br>DIV-3 物理数据模型 | PV-1 项目组合投资关系<br>PV-2 项目时间轴<br>PV-3 项目与能力映射 | AV-1 综述和概要信息<br>AV-2 综合词典 |

  这种工具将信息资源规划的步骤方法和标准规范"固化"到软件系统中去，为规划分析人员营造紧密合作的环境，尤其是能加强业务人员与分析人员之间的相互沟通。在进行信息资源规划的过程中，从职能域的定义划分开始，到业务流和数据流的调研分析，再到系统功能建模和数据建模，都需要经历复查修改，由粗到精，不断完善，这就需要动态的、活化的技术文档。这种技术文档就是"信息资源规划信息与知识库"或"信息资源元库"，它们在信息资源规划过程中创建，并用于信息化建设的全程。总之，信息资源元库（IRR）是组织信息化建设的核心资源，必须认真加以管理。

  如图 3–16 所示，信息资源规划是企业的基础工作，并且可以为后续信息化建设提供必要的支撑。

  通过 IRP 的梳理，可以将企业原来杂乱无章的数据形成完善的体系，并为管理者实现完备的数据架构和数据目录，如图 3–17 所示。

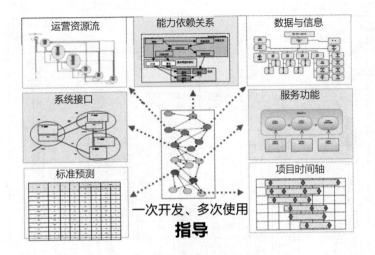

图 3-16　信息资源规划的业务价值

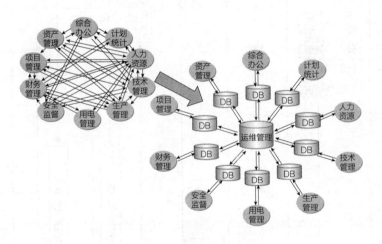

图 3-17　完备的企业级数据资源

由此企业将形成体系化的数据资产流程管理。

IRP 理论体系最早由大连海事大学的高复先教授引进,并提出六步骤的工作方法。

(1) 业务梳理(见图 3-18)。

业务模型的建立:用"职能域-业务过程-业务活动"的三层列表来描述业务功能结构。

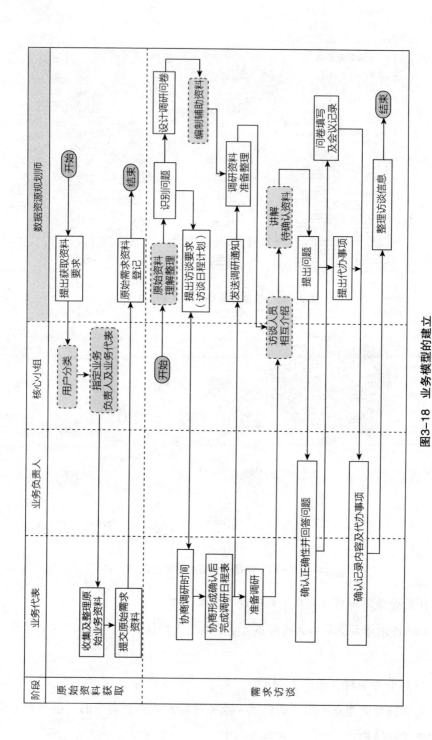

图3-18 业务模型的建立

其中，现状调研的流程如图 3-19 所示。

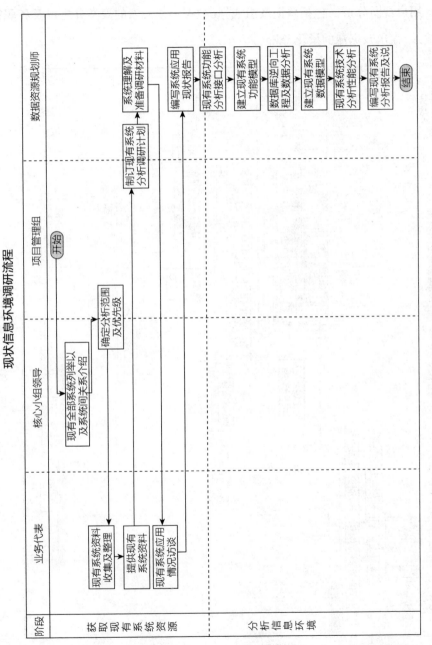

图3-19 现状调研流程模板

(2) 用户视图分析 (见图 3-20)。

用户视图分析 (包括登记及组成)、数据项或元素的聚类分析以及各职能域输入/输出数据流的量化分析。

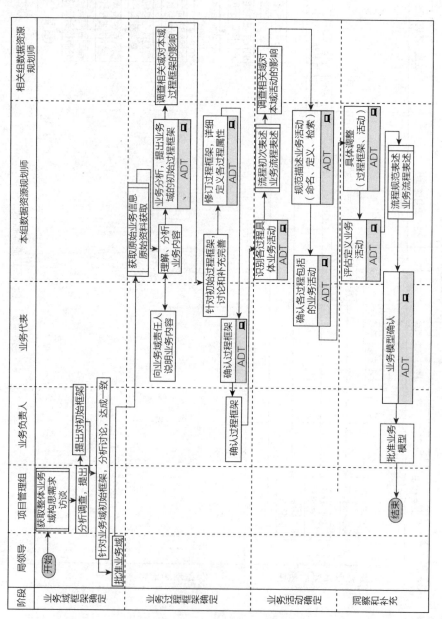

图3-20 业务需求分析

(3) 数据需求分析（见图 3-21）。

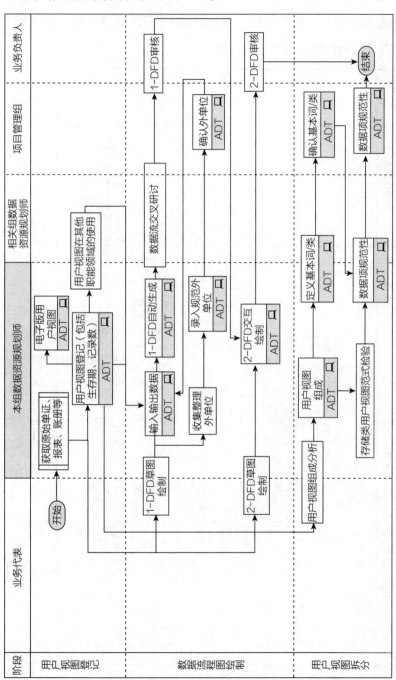

图3-21 数据需求分析

(4) 系统功能建模（见图3-22）。

功能模型的建立：用"子系统-功能模块-程序模块"的三层结构来表示系统的逻辑功能模型。

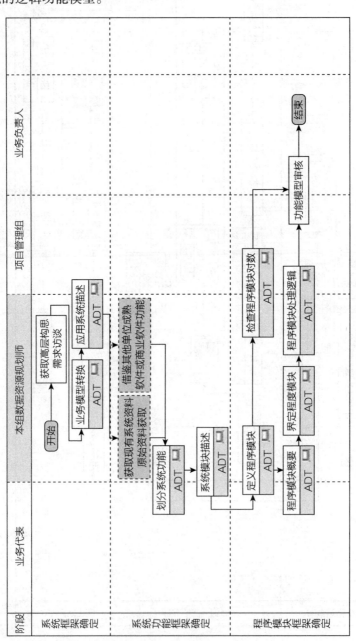

图3-22 系统功能模块

(5) 系统数据建模（见图3-23）。

从概念主题数据库的定义开始，支持用户视图分组与基本表定义，落实逻辑主题数据库的所有基本表结构，建立全域和各子系统的数据模型。

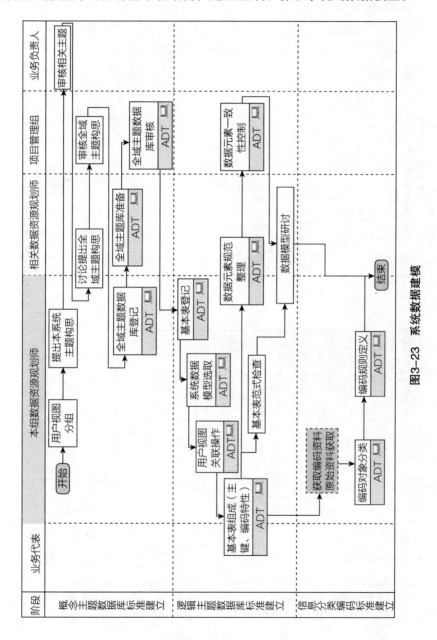

图3-23 系统数据建模

(6) 系统体系结构建模（见图3-24）。

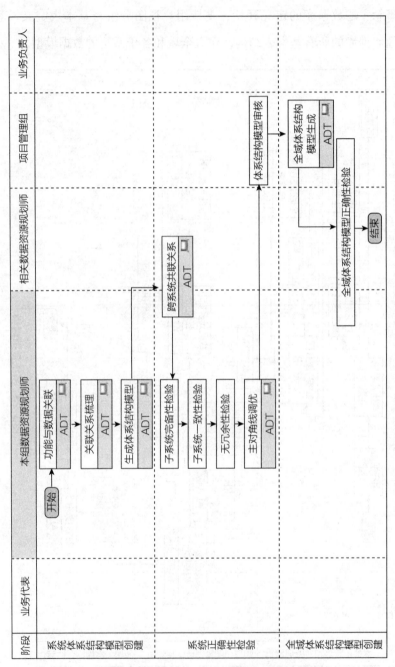

图3-24 系统体系结构建模

识别定义子系统数据模型和功能模型的关联结构，自动生成子系统和全域 C-U 矩阵。IRP2000 将信息资源规划的有关标准规范和方法步骤都编写到了软件工具中，使用可视化、易操作的程序，引导规划人员执行标准规范，使信息资源规划工作的资料录入、人机交互和自动化处理的工作量比例为 1:2:7，因而能高质量、高效率地支持信息资源规划工作。推广应用实践表明，该工具可以帮助企业继承已有的程序和数据资源，诊断原有数据环境存在的问题，建立统一的信息资源管理基础标准和集成化的信息系统总体模型，在此基础上可以优化提升已有的应用系统，引进、定制或开发新应用系统，高起点、高效率地建立新一代的信息网络。

（本节 IRP 理论体系资料摘自大连海事大学高复先教授的演讲材料。）

通过 IRP 科学方法论的梳理和实践，我们得出了运维数据模型主题域运维业务概念模型。

IT 运维管理数据模型 v1.0（版权所有）如图 3-25 所示。

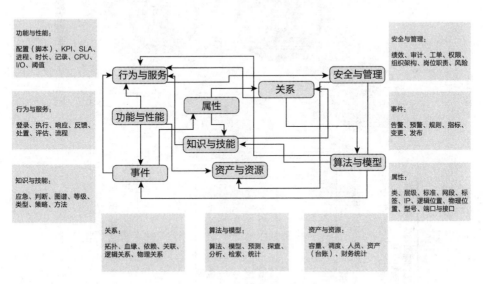

图 3-25 IT 运维管理数据模型 v1.0

数据模型管理系统如图 3-26 所示。该系统由 DMM（Data Modeler

Management）专业建模工具和 DMS（Data Model Store）模型库两个部分组成。

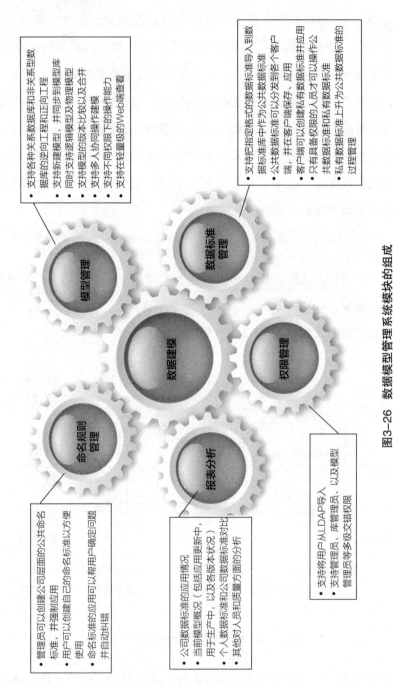

图3-26 数据模型管理系统模块的组成

# 第 3 章　解决方案——企业基础数据平台建设

DMM（Data Modeler Management）专业建模工具：DMM 使组织能够通过基于行业标准和最佳实践的直观式图形化工具发现、设计、可视化、标准化并部署企业数据。通过集成的概念、逻辑和物理模型将业务和数据资产的技术视图相结合，从而为整个企业的数据利益相关者之间的协作打下良好的基础。它可以打破技术和组织孤岛、部署可重复使用的设计，还可以分析标准并管理数据建模和定义流程，使组织能够降低数据管理成本、优化创新。

DMM 的主要功能如下。

- 数据库设计的生成：直接从视觉模型创建数据库设计，从而提高效率、减少错误。
- 标准的定义：通过可重复使用的标准支持（包括模型模板、域、自动化宏、命名标准和数据类型标准）提高质量和效率。
- 报告和发布：（报告设计器）通过直观地点击界面可为图表和元数据创建基于文本的报告。
- 模型和数据库比较：（完整比较）工具自动进行模型、脚本和数据库的双向同步；将一项和另一项比较；显示任何差异并允许选择性更新，必要时还可生成脚本。和其他工具的集成及元数据交换：通过导入和导出各种来源（包括分析工具、大数据平台、中心、数据集成和其他建模解决方案）对模型和其他项目及工具进行集成。

DMS（Data Model Store）模型库：模型可储存于中央存储库中，支持冲突合并、版本控制、安全性、标准化，以及层次结构组织的模型库。通过中央模型库，模型资产可在整个组织中存储并重复使用。利用该中央模型库及其相关的冲突合并和版本控制功能，建模团队可以协作建模，创建能够重复使用的通用对象，从而提高数据质量以及确保数据库设计的一致性。

另一方面，DMS 为非技术和技术人员提供直观的界面，以查看存储在中央模型库中的信息。使用 WebPortal 网站，基于搜索和下钻、模型图可视化以及图形化的影响分析,用户可获得该组织信息资产的全貌以及它们之间的相互关系。一个重要的功能是能够进行影响分析并生成"使用位置"报告,以便用户能够看到对象间的相互关联以及其中一个对象的某个改动对其他对象、项目和角色可能产生的影响。

DMS 的主要功能如下。

- 集中式模型管理库:组织可在共享存储库中存储并提供数据模型和标准模板,以实现托管访问、协作和交叉模型分析,从而管理数据建模的做法和流程。

- 带冲突解决的协作式建模:通过带有可选模型锁定、多用户冲突解决和独立模型合并功能的并发模型访问,团队成员可以更高效地协同工作。

- 变更管理和审核功能:控制和跟踪变更对于保证质量、一致性与审核合规性至关重要,具体功能包括在模型的生命周期内改变影响分析、版本管理和撤销/重做功能。

- 用户权限和模型安全管理:可通过用户配置文件和安全设置(包括通过轻量目录访问协议进行的身份验证)来管理模型资产的控制。

- 基于 Web 的模型和存储库管理:基于一个直观的控制台,允许管理员管理、模型、用户、配置文件、权限并锁定会话/连接等。

- 保存模型到模型库,签入/签出新版本。

## 3.3 企业统一基础数据管理平台

企业统一基础数据管理平台具有三大职能定位:

第一,成为以 AIOps 为方向的智能运维管理的大脑中枢,全面满足未来极大丰富的数据应用与分析业务场景。

第二，奠定企业基础数据资产管理体系，支撑企业智慧运营的业务发展。

第三，作为企业发展总体规划中数据战略的重要组成，辅助实现企业数字化转型。

其中，平台建设的第一目标还是要落实到第一条，培养以 AIOps 为方向的智慧运维管理能力为第一要务。

图 3-27 是 AIOps 技术支撑平台的参考架构体系。

**图 3-27　AIOps 技术支撑平台的参考架构体系**

（摘自《企业级 AIOps 实施规划》白皮书。）

首先，作为企业级数据平台应该遵照如下原则。

1) 稳定性原则：保持系统架构的相对稳定，根据市场发展的需要，在运维管理系统架构上，丰富相关分析应用。

2) 经济性原则：在满足要求的前提下，充分利用现有设备与系统，节省投资。

3) 实用性原则：操作简单、快捷，紧密结合业务；满足规范要求的查询效率与响应时间；有良好的人机接口与灵活多样的展现方式。

4) 可靠性原则：系统采用的系统结构、技术措施、开发手段都应建立在已经相当成熟的应用基础上，在技术服务和维护响应上同用户积极配合，确保系统的可靠；对数据指标要保证完整性、准确性。

5）安全性原则：针对系统级、应用级、网络级，均提供合理的安全手段和措施，为系统提供全方位、立体化的安全实施方案，确保企业内部信息的安全。

6）整合性原则：整合来自企业的基础数据，形成企业级数据管理系统，用以满足运维数据分析和管理决策支撑的需求。

7）共享原则：基础数据平台建立企业数据的统一模型存储数据，同时构建多租户模式的数据共享服务，并通过统一提供数据集市来使用和调度。

8）开放性原则：在数据共享的基础上兼顾内外部需求，形成应用与开发相统一的接口，做到应用部署灵活、百花齐放。数据运营平台不仅是分析决策的辅助工具，更是业务与服务创新的重要引擎。

9）安全性原则：系统应实现对敏感数据与应用访问的权限控制和轨迹跟踪，加强对客户隐私数据的管控，以确保系统数据的安全。

10）实用性原则：系统应用建设应满足使用人员的业务需求，能够解决不同层次使用人员的实际问题。应用开发设计符合使用人员的工作场景，能够对其实际工作进行指导，提高其工作效率。

11）易用性原则：系统应实现用户可接受的查询效率与响应时间，有良好易用的人机接口界面与灵活多样的展现方式。

图3-28体现出可借鉴的平台建设步骤与方法。

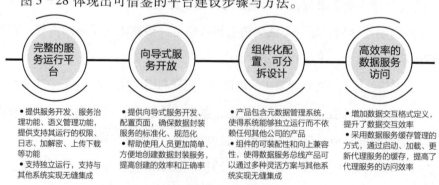

图3-28 可借鉴的平台建设步骤与方法

# 第3章 解决方案——企业基础数据平台建设

## 1. 运维数据平台的架构

传统的运维数据平台主要是以配置管理数据库（Configuration Management Database，CMDB）为主流技术路线，其核心是存储与管理企业 IT 架构中设备的各种配置信息，与所有服务支持和服务交付流程都紧密相连，支持这些流程的运转、发挥配置信息的价值，同时依赖于相关流程保证数据的准确性。CMDB 可以理解为运维数据的数据仓库。

例如 BMC 公司给出的基于 CMDB 的全景业务视图，如图 3-29 所示。

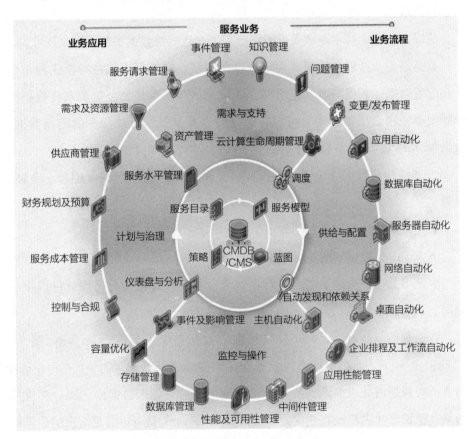

图 3-29　BMC 公司的 CMDB 总览

然而随着大数据技术的发展与成熟，CMDB 局限于配置单元（Configuration Item，CI）和结构化数据的缺陷与不足已经日益突出。CMDB 其实是运维管理领域的数据仓库技术，而数据仓库技术则是来自于以结构化数据为主的业务系统，以支撑业务报表为主要目标。随着数据量的增长和数据复杂程度的加剧，数据仓库依赖 ETL 或数据总线的技术面临越来越多的挑战，无论是 ETL 的沉重负担还是系统整体升级都成为现实的压力。而运维的数据平台必须考虑到占比 95% 以上的非结构化海量实时数据，并且需要对具体的服务调用场景实现支撑。这是两者差异所在，也给运维数据平台提出了新的需求和挑战。

所以，数据湖技术路线很可能将成为下一代运维数据平台的主流技术。

数据湖是一种以自然格式存储数据的方法，它有助于以各种模式和结构形式配置数据。数据湖通常是所有企业数据的单一存储，包括源系统数据的原始副本和用于诸如报告、可视化、分析以及机器学习等任务的转换数据。数据湖可以包括关系数据库（行和列）、半结构化数据（csv、log、xml、json）、非结构化数据（电子邮件、文档、pdf）和二进制数据（图像、音频、视频）。

数据湖的立体架构示意图如图 3-30 所示。

图 3-31 是数据湖的逻辑架构。

由此可见，数据湖不需要对数据做清洗转换或是机构化处理就可以接收数据。

数据湖的 schema on read 模式区别于数据仓库的 schema on write 模式，schema on write 表示数据在进入数据仓库前需要进行处理，而 schema on read 则表示将数据的处理推迟到从数据系统读出之后。如果数据格式和分析应用场景在很长时间内都没有变化，那么 schema on write 是可以满足需求的。但恰恰是在应用不断丰富、分析需求日益旺盛、业务类型不断创新的今天，schema on read 的速度优势就显得极为明显。

# 第 3 章 解决方案——企业基础数据平台建设

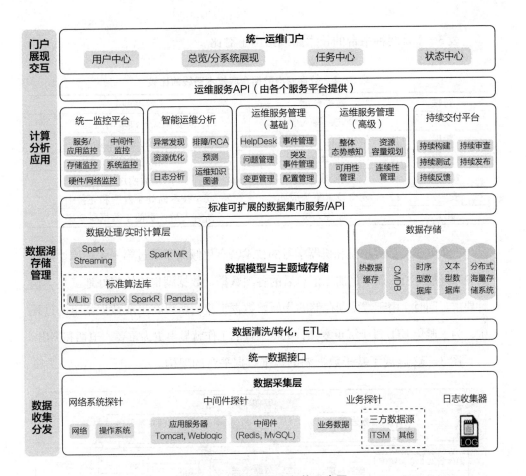

图 3-30 运维数据湖架构示意图

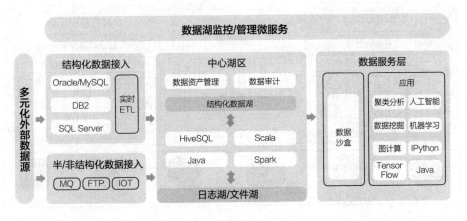

图 3-31 数据湖的逻辑架构

表3-2就两种平台的技术路线给出了对比。

表3-2 数据湖与数据仓库技术路线的比较

| 特性 | 数据仓库 | 数据湖 |
| --- | --- | --- |
| 模式 | 写入模式,写入前处理 | 读取模式,读取时处理 |
| 数据 | 结构化的干净数据 | 全类型的原始数据 |
| 存储成本 | 成本高 | 相对低廉 |
| 敏捷性 | 改变成本高 | 灵活使用 |
| 安全性 | 安全技术更为成熟 | 安全技术尚处于发展和完善中 |
| 用户 | 业务人员 | 所有人员,更便于数据科学家 |

我们知道,数据挖掘和机器学习的技术特点更倾向于通过第一手的原始数据资料来开展分析,而不是加工汇总后的各项数据,数据湖也恰恰很好地满足了这种要求。同时,由于数据湖存储的是原始数据汇集,所以在生成数据集市的过程中,为了避免ETL过于沉重复杂,数据治理的工作就显得更为重要、迫切和突出。

图3-32展现了基于数据湖的运维数据平台的架构。

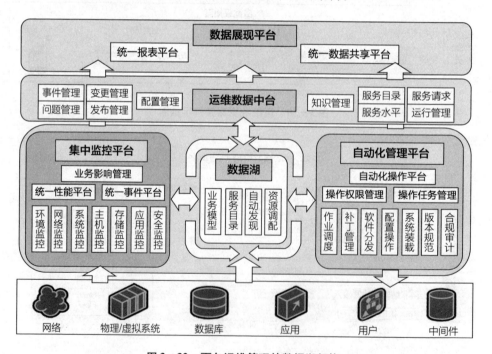

图3-32 面向运维管理的数据湖架构

如图 3-33 所示，在系统设计理念上，运维数据管理平台应该是围绕着运维服务这一核心目标予以展开，将复杂、多元、多类型、海量的数据通过治理实现在统一平台的管理，数据的梳理也要求能够反映出服务于各项要素的状态。梳理清晰的数据体系有两点重要目标：

第一，所有的实体都是一个定义好了的类型或对象。

第二，所有的实体都应该包含在一个清晰定义且易于延展的接口规范之下。

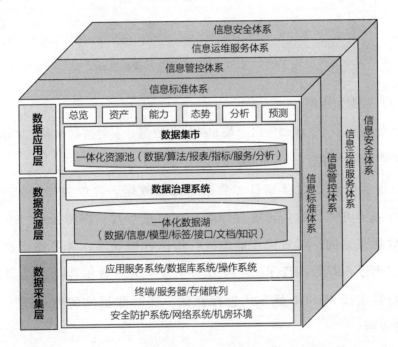

图 3-33 数据魔方体系

## 2. 运维数据平台的设计思路

如图 3-34 所示，运维数据管理平台可以分为数据采集、数据调度、数据中台和数据应用四个层级。下面就来逐一介绍一下这四个层级。

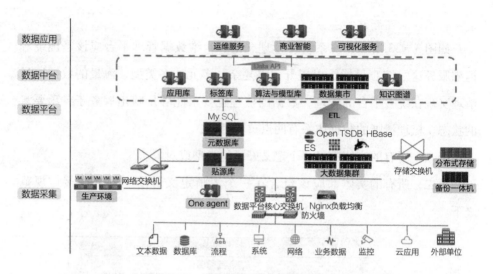

图3-34 运维数据管理平台的架构设计

(1) 数据采集层。

针对运维数据中有95%以上是非结构化数据、实时数据和流式数据的特点，数据采集通过统一 Agent①实现管理。

对于实时流数据（如日志数据、流量数据、性能数据等），可通过 HBase 等方式读取，再通过 Stream 接口进行数据同步处理。不需要进行数据存储的，可直接在前端进行指标数据展现；需要进行数据存储的，则以内存数据库 Redis 和 HBase 为主进行数据存储。必要的统计分析数据以 MySQL 等方式进行存储，实时数据流的处理模式如图3-35所示。

实时数据的复杂事件处理能够从多个数据源中抽取新的数据，并在数据之间创建关系从而分析出业务事件。可在事件存储到磁盘之前，实时地持续分析多个事件流。它通过使用大量原始而重要的数据流，将跨多个流的事件

---

① 在 IT 领域，Agent 一般是指能够自主活动的软件或硬件实体，有时也被翻译为"代理"。——编辑注

关联起来，从而能够鉴别出新的关联业务条件，并在毫秒（或更短）的时间内对这些事件做出响应。

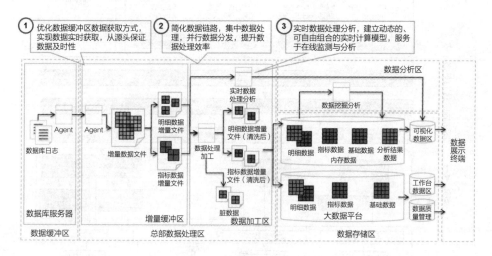

图 3-35　实时数据流处理模式

统一 Agent 管理的架构设计如图 3-36 所示。

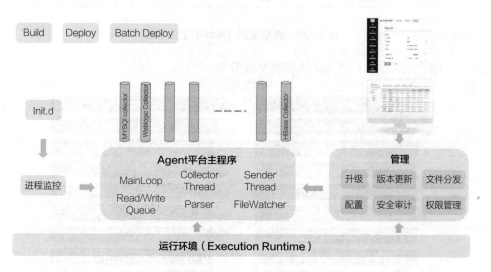

图 3-36　统一 Agent 架构设计

通过 Agent 采集的数据在系统中的流转如图 3-37 所示。

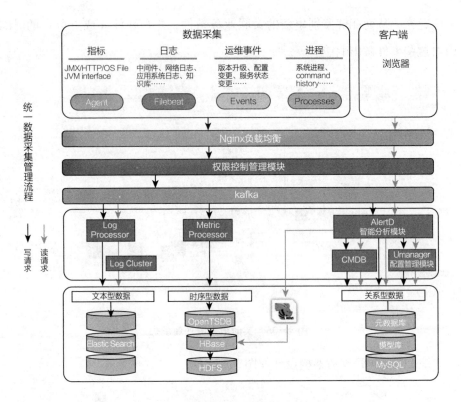

图 3-37 数据通过 Agent 的上传下达

图 3-38 是统一 Agent 的功能要求清单。

图 3-38 统一 Agent 主要功能清单

图3-39说明了统一Agent在数据采集和对终端的管理控制方面的主要功能以及对应产生的业务价值。

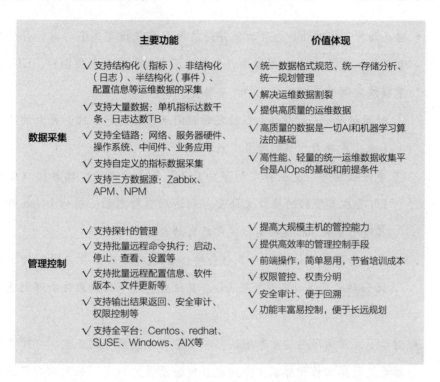

图3-39 统一Agent的业务价值

（2）数据调度层。

基于数据湖的架构设计需要通过ETL直接从模型库中抽取数据形成数据集市。为此，需要构建专业的ETL系统以保障数据转换的规范、高效。

1）ETL调度平台。基于Java自主研发的企业级ETL调度平台：在一个调度平台内就可以完成数据平台及相关应用的所有作业管理工作。属于分布式调度平台，支持DS、Shell、存储过程、Java程序、可执行文件等各种作业的调度，支持定时触发、手工触发、作业依赖、作业组依赖、无条件触发等多种调度触发机制，支持作业并发控制，支持Linux、UNIX、Windows等多种平台。可以将传统任务调度和大数据任务调度进行无缝集成。

2) ETL调度管理模块。ETL调度管理模块负责所有数据处理任务的调度及顺序逻辑控制，在功能上具有如下功能。

- 任务触发——当Job的启动条件满足用户预先设定的条件时，自动加载Job并运行。Job的触发条件包括时间条件和任务条件两种，ETL调度模块应同时具有以下几种任务触发机制。
  ① 时间触发——指定Job在特定的时间点开始运行。比如每天的凌晨1点；或每月5日的凌晨1点。
  ② 事件触发——发生特定的事件后Job会自动运行。比如接口处理Job要在其依赖的接口文件全部到达后自动启动；或一个Job会在其所有前置Job成功运行完成后自动启动。
  ③ 时间和事件的结合——多个条件组合都满足后才会自动运行Job。比如要求月接口文件处理Job当且仅当其所有接口文件全部到达并且在每月1日的下午6点时运行。
- 对于不同时间序列的源系统，可采用事件触发任务的方式，在所依赖源系统数据文件和标识文件到达且校验无误的情况下触发后续任务高效执行。若任务依赖于多个不同时间序列的源系统，则仅当所有依赖的源文件都到达时才会触发后续任务。
- 任务排序——对ETL Job运行的先后顺序进行排序，任务排序体现在如下两个方面：
  ① 依赖关系——任务之间具有逻辑上绝对的先后关系，一个任务的启动必须依赖于其前置任务的成功完成。对其前置任务主要考虑与它的关系，即只有当其所有前置任务都完成后才启动任务。
  ② 优先级——如果两个或多个任务同时满足启动条件，任务的执行先后顺序可以通过任务的优先级来决定，具有较高优先级的Job将优先运行。

- 全局任务同步——对于运行在不同机器和系统上的 ETL 任务，调度模块可以对其进行同步。比如机器 1 上的任务 1 完成后就会触发机器 2 上的任务 2。
- 并行执行——同时允许多个任务并行执行。可以设置各类 Job 的并行度。并行度有如下两个层次：
  ① 不同机器任务之间的并行——比如要求不同机器上的任务如果没有相关性的话，其运行应该相互不影响。机器 1 上的任务 1 和机器 2 上的任务 2 可以同时运行。
  ② 同一机器内任务的并行——对于运行在同一个机器上的任务，如果没有相关性的话可以并行运行。比如数据集市的两个 Cube 装载任务，没有相关性，并且优先级相同，可以设置为两个任务同时启动。
- 任务管理——允许用户灵活地添加新的任务、设置任务的触发条件和依赖关系。能方便地重置任务状态，重启和结束任务运行等。管理任务如下：
  ① 方便配置任务元数据，包括任务类型、任务调度的命令、优先级。
  ② 方便配置任务的依赖性。
  ③ 根据需要和系统资源的利用情况来灵活配置任务的并行度。
  ④ 可根据任务运行的频度来动态地确定当日需要运行的任务列表，并进行任务的触发，实现任务的循环周期调度。
  ⑤ 可使用数据库视图或报表来统一监控管理任务的运行，包括重置任务状态、重启和结束任务运行。
  ⑥ 可对运行的任务进行统计，查找运行最慢的任务，以方便有针对性的调优，保证任务的高效执行。
  ⑦ 具有校验点重启机制。任务在功能上都具有独立性，可确保单个任务在当前批次下可重复运行多次，这样即使任务失败，也可以从失败的任务重新运行，而不必从头开始运行。

3) ETL 调度监控。数据平台系统维护中最重要的就是随时监控 ETL 任务的运行情况，因此为了降低系统维护人员的劳动强度，提供友好的 ETL 监控功能是必要的。

在功能上，ETL 监控应提供如图 3-40 所示的全程全方位监控功能：

- 查看 ETL Job 运行结果，如执行中、执行完成、执行失败等。
- 控制 ETL Job 的运行，如启动、停止、重置 Job 等。
- 查看 ETL Job 运行详细日志，导出详细日志到文本。
- 通过 Job Monitor 可以实时监控 ETL Job 的运行状态。

图 3-40　ETL 的 Job 状态监控

4) 调度策略设计。

- 基于流水线和 Job 元数据的 ETL 调度设计，分离 ETL 任务的并发调度控制和任务依赖关系，采用基于元数据的 ETL 任务管理，以组件化的设计方式拆分 ETL 任务，形成易扩展、符合流水线的 ETL 设计任务并行度优化。

- 根据任务类型，任务依赖关系划分不同的任务并行度，从而充分利用系统资源缩短流水线的 ETL 处理时间。
- 使用 NMON 等系统资源监控命令，监控 ETL 处理期间系统资源使用情况，根据资源使用情况调整任务的并发度。
- 根据系统资源使用情况将数据中心的不同阶段任务以及各个数据集市的任务划分成不同的任务，以提高任务并行度，优化任务优先级。
- 对于 ETL 关键处理路径任务（汇总区和数据集市区任务的前置任务）、运行时间较长的任务，调高任务优先级，缩短整个 ETL 处理时间，优化调度元数据库。
- 在 ETL 处理期间，ETL SERVER 和 DW SERVER 的资源消耗基本上一直处于饱和状态，调度元数据库存储在 ETL SERVER 或者 DW SERVER 上将影响到 ETL 处理过程中从调度元数据库中读取或更新数据，因此调度元数据库的存放应该与 ETL SERVER 以及 DW SERVER 独立。

（3）数据中台。

为了支撑未来极大丰富多变的 AIOps 业务场景，数据应用部分可以借鉴业务数据中台的理念和方法，构建运维数据中台。

最近源自阿里巴巴的中台概念大火，并由此衍生出了技术中台和数据中台，现在还有业务中台、应用中台，等等。这里简单论述一下数据中台的概念，因为通过分析，数据中台技术也很可能是适合智慧运维业务场景的。

其实，早在 2012 年，Gartner 公司就已经发现快速变化的前端应用与相对稳定的后台系统之间的矛盾。前者的变化频次往往可以达到后者的数倍以上。

这样的矛盾对于阿里巴巴这种致力于模式创新的互联网公司就更为明显

和突出，于是阿里巴巴结合实践最先提出了数据中台的概念与原理。

数据中台是聚合与治理跨域数据，将数据抽象封装成服务，提供给前台以业务价值的逻辑概念。数据中台实现了数据的分层与水平解耦，沉淀公共的数据能力，数据中台一般可分为三层，即数据模型、数据服务与数据开发。通过数据建模实现跨域数据整合和知识沉淀；通过数据服务实现对数据的封装和开放，从而快速、灵活地满足上层应用的要求；通过数据开发满足个性化数据和应用的需要。

而对于以AIOps为方向的智慧运维来说，数据中台也同样具有业务价值。未来开展运维数据分析的主体、主题和方向都将是多元化的，并且这种分析的实时性要求也远远超过面向业务的数据分析。图3-41是笔者在袋鼠云中台的基础上针对运维管理构思出来的运维中台的功能图。

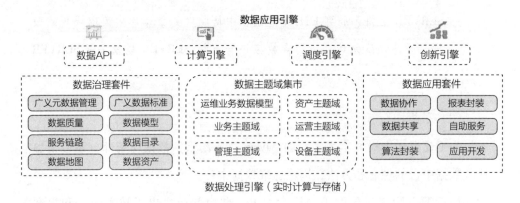

图3-41　运维数据中台构思

（改编自袋鼠云中台架构。）

运维数据中台建设其实就是在数据湖架构上通过治理实现数据集市，其中包含支持各种AIOps的数据服务封装。

数据封装如下图3-42所示。

数据封装的结果如图3-43所示，其作用就是将复杂的语句直接形成方便调用或创建应用的各种数据集市。

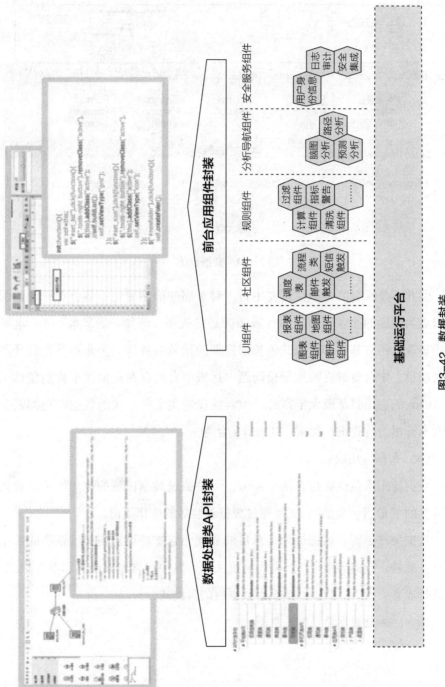

图3-42 数据封装

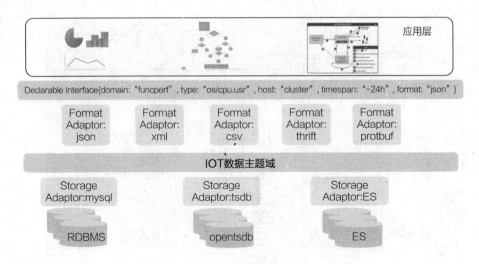

图 3-43 数据封装

但并不是所有的企业都需要中台。对于那些前端变化不多、对稳定运营要求更为明确的企业而言，中台未必就是必选项。例如，煤、水、气、电等公用事业，还有基于 PPP 模式的长回报期的运营业务等。企业不要盲目开展中台项目。中台要解决的是衔接问题，运维中台的存在价值在于我们预计未来 AIOps 的应用将是极大丰富的，中台建设避免了每一次的数据调用都需要到大本营里进行查询、检索、抽取等的问题。

（4）数据应用层。

数据应用层至少要包含两个部分，一是数据共享区域的建立，这是数据供应链的"最后一公里"；二是通过数据封装后的应用集市。

数据集市是所有数据统计汇总后的展现，它支持可追溯、可钻取的数据探查。此外，数据集市中应该开发有算法库，其中包含专家模式和推荐模式，以支持业务人员通过数据共享获得数据后的自助式分析。

图 3-44 是数据总览的示意图。

第 3 章 解决方案——企业基础数据平台建设

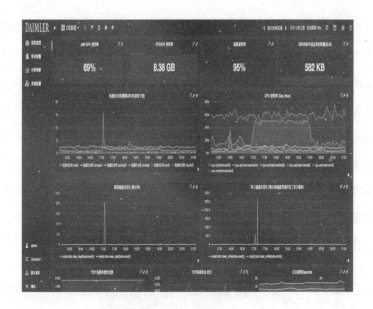

图 3-44 数据总览

### 3. 运维数据平台的应用场景

基于良好的数据平台的支撑，智能运维 AIOps 有极为丰富的应用场景。

如图 3-45 所示，AIOps 围绕质量保障、成本管理和效率提升的基本运维场景，逐步构建智能化运维场景。在质量保障方面，细分为异常检测、故障诊断、故障预测、故障自愈等基本场景；在成本管理方面，细分为成本优化、资源优化、容量规划、性能优化等基本场景；在效率提升方面，细分为智能变更、智能问答、智能决策、容量预测等基本场景。

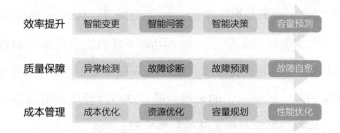

图 3-45 AIOps 应用场景归类

087

（1）效率提升方向。

运维效率的提升是运维系统的主要目标之一，自动化运维带来的核心价值之一就是效率提升，而 AIOps 会推动运维效率提升到一个新的高度。其本质的原因是自动化运维依然是"人＋自动化工具"的模式，人工决策与实施依然是主要驱动力，但人会受到自身生理极限以及认知局限的限制，无法持续地面向大规模、高复杂性的系统提供高质量的运维效率。AIOps 系统可通过深度洞察能力为运维提供持续、优质而又高效的运转。

效率提升方向的常见应用场景，如图 3-46 所示。

| 智能变更 | 智能问答 | 智能决策 | 容量预测 |
|---|---|---|---|
| ・频繁高速的变更<br>・大规模并行变更 | ・智能聊天机器人 | ・智能扩容<br>・智能缩容<br>・智能调度<br>・智能重启 | ・容量预测 |

图 3-46　AIOps 在效率提升方面的应用

效率提升是运维的基本场景之一，随着业务的发展，运维系统也在不断地演进，其规模复杂度和变更频率都非常大，技术更新也非常快。与此同时，软件的规模、调用关系、变更频率也在逐渐增大。在这样的背景下，需要 AIOps 提供精准的业务质量感知、支撑用户体验优化、全面提升质量保障效率。

1）智能变更：变更是运维中的一种常见场景，DevOps 通过串联变更的各个环节形成流水线提升了效率，而 AIOps 不仅为变更流水线的各个环节引入了"系统决策"，也能更加持续、精确地提供高效的变更质量管理。智能变更的系统决策来源于运维人员的运维经验，这些经验通过机器学习、知识图谱等手段转化成系统可学习和实施的数据模型。

AIOps 的智能变更可以应对以下场景。

① 频繁变更，高速发布的场景：运维人员会由于生理极限以及认知的局限难以应付这样的场景。例如，变更每天从 1 次升级到 10 次，运维人员通过自动化运维系统尚可应对，但如果由 10 次升级到 100 次，甚至更多，就难以高效、准确地应对了。AIOps 可以根据每次变更的目标、状态以及上下文在变更过程中及时地做出系统决策，帮助加速变更过程以及规避变更可能带来的问题。

② 大规模并行变更：随着微服务架构的普及，实际上服务节点会成倍增长，原有几个或几十个节点，可能变成几千甚至上万的规模。人工驱动工具的模式不但受制于人的精力而被迫"串行化"，也制约了变更过程的监察以及变更结果验证的准确性。AIOps 则可以并行驱动更大规模的变更过程，而且变更监察及结果验证都会被更准确地完成。

2）智能问答：运维的目标是支持稳定、可靠的业务运行，而业务与业务之间既可能有相似性，又可能有差异性。但由于知识背景和对业务的认知差异，往往会出现以下情况。

① 不同的业务人员或开发人员往往会询问运维人员一些相似的问题，运维人员的答案也是非常类似的，但人力被重复消耗。

② 面对同一个问题，运维人员的回答可能会出现差异（例如表达方式、措辞等），缺乏标准化，甚至有可能造成误解。

AIOps 智能问答系统通过机器学习、自然语言处理等技术来学习运维人员的回复文本，构建标准问答知识库，从而在遇到类似问题的时候给出标准、统一的回复。这样，不仅可以有效地节省运维人员的人力成本，还能够使提问得到更加及时的回复。

3）智能决策：许多运维管理工作都需要各种各样的决策，包括扩容、缩容、制定权重、调度、重启等内容。因此，有可能会面临如下问题。

① 运维人员可以根据自己的业务经验制订相应的决策。但是，不同的业务有着各自的特点，不同的运维人员也有着自己的业务经验。如何将运维人

员的这些经验有效地传承是个问题。

② 人的认知是有局限性的，运维场景的复杂性可能导致最有经验的运维人员遗漏掉某些"不起眼"的"重要细节"。显然，准确的决策还依赖足够充足的细节。

AIOps 智能决策一方面可以将运维人员的决策过程数据化，构建决策支持知识库，从而实现经验积累；另一方面，由于系统掌握了从全局到细节的数据，再结合决策支持知识库，便可以为更加准确的决策提供最有力的支撑。

4）容量预测：运维工作不仅仅包含对当下的决策和处理，往往还需要根据业务的诉求对未来做出合理的规划，包括扩容的预测、缩容的预测等。由于对未来的规划时常存在不确定性，因此规划过程往往需要大量的数据来支持，还需要大量的推演来确定。而人工预测的方式，一方面需要投入大量人力，另一方面运维人员的能力可能存在差异，使得推演的结果品质不尽一致。

AIOps 智能预测借助大数据和机器学习能力，结合运维人员的有效评估经验，甚至业务发展模式以及政策等，实现了对目标场景的高效推演过程，最终使预测结果趋近合理范围。这样一来，不但使人力得以节省，而且由于预测效率的提升，使得过去难以重复且耗时耗力的人工预测过程变得可以应需而变，不断修正预测结果，最终使业务诉求获得最佳预测收益。

（2）质量保障方向。

质量保障方向的常见应用场景，如图 3-47 所示。

| 异常检测 | 故障诊断 | 故障预测 | 故障自愈 |
| --- | --- | --- | --- |
| • 数据源异常检测<br>• 单指标异常检测<br>• 多指标异常检测<br>• 磁盘异常检测<br>• 网络异常检测 | • 调用链<br>• 故障定界定位<br>• KPI瓶颈分析 | • 磁盘异常预测<br>• 网络异常预测<br>• 内存泄露预测<br>• 服务器故障预测 | • DNS自动切换<br>• 变更智能回滚<br>• CDN智能调度 |

图 3-47　AIOps 在质量保障方面的应用

1）异常检测：运维系统中常见的两大类监控数据源是指标和文本。前者通常是时序数据，即包含指标采集时间和对应指标的值；后者通常是半结构化文本格式，如程序日志、Tracing等。随着系统规模的变大、复杂度的提高、监控覆盖的完善，监控数据量越来越大，运维人员无法从海量监控数据中发现质量问题。智能化的异常检测就是要通过AI算法，自动、实时、准确地从监控数据中发现异常，为后续的诊断、自愈提供基础。异常检测的常见任务包括对数据源的异常检测，保证数据质量，以及对指标和文本的异常检测。

①数据源异常检测：数据源会因为一些不可避免的原因而存在一些异常数据，这些异常数据占比虽然很低，但是往往会引起整个指标统计值的波动，使得统计结果偏离真实的用户体验。AIOps需要自动、实时地动态设置阈值，去除数据源中的异常数据干扰，并能够区分系统真正发生异常时的故障数据和数据源本身的异常数据，这种判断依赖于一些外部信息。

②指标异常检测：包括单指标异常检测及多指标异常检测。

单指标异常检测：时间序列指标的异常检测是发现问题的核心环节，传统的以静态阈值检测为主的方式，阈值太高，漏告警多，质量隐患难以发现；阈值太低，告警太多引发告警风暴，干扰业务运维人员的判断。AIOps通过机器学习算法结合人工标注结果，实现自动学习阈值、自动调参，提高告警的精度和召回率，大幅度降低人工配置成本。

多指标异常检测：运维过程中有些指标孤立来看可能并没有异常，但是综合多个指标来看，可能就是异常的。有些单指标表现是异常的，但是综合多个指标来看可能又是正常的。AIOps需要能够综合多个指标来综合评判系统指标是否异常，从而提高告警的准确性。

③文本异常检测：文本日志经常是在特定条件下触发生成的，并遵循一定的模板，即半结构化文本。

传统的日志检测有两种方式：一种是根据日志级别（如Info、Warning、Critical）进行报警，但由于其设定不准确，或不满足实际需要，导致准确性差;另一种是通过设置规则,匹配日志中特定字符串进行报警,但该方法依赖人工经验,且只能检测已知和确定模式的异常。

AIOps 需要通过自然语言处理、聚类、频繁模式挖掘等手段,自动识别日志中出现的反常模式,并结合人工反馈和标注,不断进行优化、完善。

2) 故障诊断:异常检测实现了运维人员对数据的感知,有了数据之后,智能分析可以进一步解放运维人力,提高运维效率,故障诊断是智能分析的核心部分,它的主要场景包括基于人工故障库的故障诊断和基于数据挖掘的故障诊断。

① 基于人工故障库的故障诊断:日常运维过程中,运维人员积累了大量的人工经验,运维过程中的大部分故障都是重复的、人工能够识别的异常。重复问题的定位浪费了大量的人力,而且人工确认过程往往是比较滞后的。AIOps 把人工专家的经验固化下来,对常见问题实现分钟级内自动诊断,在运维人员收到的告警信息中,就需要包括故障定位的结果信息。

② 基于数据挖掘的故障诊断:人工经验可能存在偏差,人工认为的原因可能并不是问题的根因,当有些故障首次发生没有人工经验可以借鉴的时候,故障根因也难以定位。尤其随着微服务的发展,业务的组网变得更加复杂,模块多带来的消息路由多、依赖多,问题的定界定位分析更为困难,这些都给人工故障的决策效率带来了巨大的挑战。如图 3-48 所示,对于已知故障,AIOps 能够综合故障数据和人工经验自动提取故障特征,生成故障特征库,自动匹配、自动定位故障;对于未知故障,AIOps 需要根据故障特征推演出可能的故障原因,并在人工确认后将其加入到故障特征库。

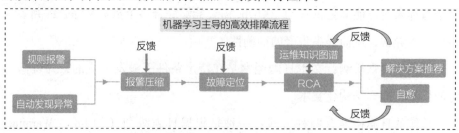

图 3-48 基于 AIOps 的快速故障定位

# 第 3 章　解决方案——企业基础数据平台建设

故障诊断的示例如图 3-49 所示。

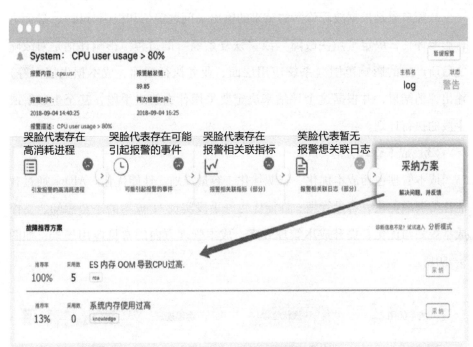

图 3-49　故障诊断示例

3）故障预测：故障的出现一般不是突然的，就拿网络故障来说，从丢包开始到网络不可用往往要有一个演变的过程。依据海恩法则：每一起严重事故的背后，必然有 29 次轻微事故和 300 起未遂先兆以及 1 000 起事故隐患，所以应当开展主动健康度检查，针对重要特性数据进行预测算法学习，提前诊断故障，避免服务受损。故障预测的常见场景包括磁盘故障预测、网络故障预测（根据交换机日志的交换机故障预测）、内存泄露预测，等等。

4）故障自愈：智能分析实现了故障的诊断和预测，而智能执行则能够根据智能分析的结果实现故障自愈。传统的故障自愈的决策主要靠人的经验，人的经验能够覆盖的故障范围是有限的，而且人工无法保证全天候随时可以立即决策与处理。AIOps 能够提供完善的自动化平台，在故障智能分析之后，自动决策，实现自愈。故障自愈的常见场景包括版本升级回退、DNS 自动切换、CDN 智能调度、智能流量调度等。

故障自愈是根据故障诊断的结果的输出（问题定位和根因分析），进而进行影响评估，决定"解决故障"或"恢复系统"的过程。影响评估是对故障之后所产生的影响范围（系统应用层面、业务执行层面、成本损失层面等）输出评估结果，并根据这个评估来决定要采用什么解决手段，甚至生成解决手段的执行计划。

（3）成本管理方向。

成本管理包括成本优化、资源优化、容量规划、性能优化。AIOps 通过智能化的资源优化、容量管理、性能优化等手段实现 IT 成本的态势感知、支撑成本规划与优化、提升成本管理效率。成本管理方向的常见应用场景，如图 3-50 所示。

| 成本优化 | 资源优化 | 容量规划 | 性能优化 |
|---|---|---|---|
| • 存储成本优化<br>• 设备成本优化 | • 设备资源的优化<br>• CPU 使用率优化<br>• 视频码率的优化 | • 扩容的规划<br>• 缩容的规划 | • 服务器性能优化<br>• 数据库性能优化 |

图 3-50　AIOps 在成本管理方面的应用

1）成本优化：在成本优化方向，需要采取高可用的设计，提供更加合理的服务，包括接入层、业务层、存储层等。在接入层需要提供合理的健康检查机制、更加智能的负载均衡算法、限定流量等工作。在业务层不仅需要去除 DB 的强依赖，使用合理的降级，还要进行合理的压测，监控以及动态的负载均衡。在存储层需要做的事情是容灾等关键工作。这样的话，可以使得内部数据的质量得到大幅提升，外部数据实现优先接入和动态选择。对于设备采集的周期控制这个问题来说，过晚的设备采购可能会影响到业务的正常上线或扩展，而过早的采购也可能造成成本的浪费。于是，AIOps 需要建立合理的模型并建立更好的规划,并据此制订更准确的设备采购计划,同时也能对成本进行更好的控制。

2)资源优化:公司的运营成本优化项目一直是公司成本预算的关键一步。优化问题包括设备的优化、带宽、码率的优化等。只有进行了合理的资源优化,才能够使公司的成本得到有效的控制。不同的服务其资源消耗类型是不一样的,包括计算密集型、存储密集型等,而对于同一个服务其在不同的时间点所消耗的资源也是不一样的。对于一个企业来说,识别不同服务的资源消耗类型,识别每个服务的资源瓶颈,实现不同服务间的资源复用是降低成本的重要环节。根据资源应用的性能指标,可以大致分类成以下类别。

① 计算密集型:CPU 使用率较高,常见于需要大量计算资源的搜索、推荐、数学计算等场景中。

② 内存密集型:内存使用量较高,如缓存服务。

③ IO 密集型:网络 IO 繁忙或者磁盘 IO 操作繁忙,常见于爬虫、消息管道、分布式存储等服务中。

3)容量规划:对数据中心来说,容量的需求和业务的发展紧密相关。为了保障正常运营,就需要对容量进行合理的预估。如果容量预留过多,则会造成资源浪费;反之,如果容量预留过少,则容易引发现网故障。而传统的基于业务运维人员人工经验的容量预测手段却不是十分有效,甚至大多数是"拍脑袋"的结果。不准确的容量预估也使得运维缩容和扩容显得被动。通常来说,大型的数据中心都会有规模庞大的服务器集群,业务规模增加、新业务上线、过保机器替换都会导致有大量新采购的机器需要上线并扩容到集群中,对于一些特殊场景,如电商网站的大促活动、社交类网站的热点新闻事件等,容量规划更是一项必不可少的考验。活动之后资源往往又需要进行回收缩容操作,以节省运行的成本。

以往的容量规划往往是靠人工经验来操作,现今 AIOps 将根据业务目标的需求,结合服务数据,整合运维人员的业务经验,建立精准容量规划模型,从而精确预测各个业务的容量,使其使用率达到最优。

4)性能优化:性能的调优一直是运维的重要一环。如果性能优化得当,则会减少实际的运算量,减少内存方面的滥用,提升服务器的性能。运维人员在其中并不能保证及时发现所有潜在的性能问题,很多时候也不知道什么的系统配置才是最优的系统配置,什么时候的权重配比才能够达到最佳的效果。AIOps能够根据现网的实际情况,智能地调整配置,智能发现性能优化策略,提供智能化的优化服务。

**4. 运维数据平台实施的关键技术**

(1)离线和在线计算。

①离线计算:针对存储的历史数据进行挖掘和批量计算的分析场景,用于大数据量的离线模型训练和计算,如挖掘告警关联关系,趋势预测/容量预测模型计算、错误词频分析等场景。

②在线计算:对流处理中的实时数据进行在线计算,包括但不限于数据的查询、预处理和统计分析、数据的实时异常检测以及部分支持实时更新模型的机器学习算法运用等。主流的流处理框架包括 Spark Streaming、Kafka Streaming、Flink、Storm 等。

(2)面向 AIOps 的算法技术。

运维场景通常无法直接基于通用的机器学习算法以黑盒的方式解决,因此需要一些面向 AIOps 的算法技术,并将它们作为解决具体运维场景的基础。有时一个算法技术还可用于支撑另外一个算法技术。常见的面向 AIOps 的算法技术如下。

①指标趋势预测:通过分析指标历史数据,判断未来一段时间内的指标趋势及预测值,常见的有 Holt-Winters、时序数据分解、ARIMA 等算法。该算法技术可用于异常检测、容量预测、容量规划等场景。

②指标聚类:根据曲线的相似度把多个关键性能指标(Key Performance

Indicator，KPI）聚成多个类别。该算法技术可以应用于大规模的指标异常检测，在同一指标类别里采用同样的异常检测算法及参数，可以大幅降低训练和检测开销。常见的有 DBSCAN、K-medoids、CLARANS 等算法，该算法技术在应用中的挑战是数据量大、曲线模式复杂。

③ 多指标联动关联挖掘：多指标联动分析判断多个指标是否经常一起波动或增长。该算法技术可用于构建故障传播关系，从而应用于故障诊断。常见的有 Pearson correlation、Spearman correlation、Kendall correlation 等算法，该算法技术在应用中的挑战为 KPI 种类繁多、关联关系复杂。

④ 指标与事件关联挖掘：自动挖掘文本数据中的事件与指标之间的关联关系（比如在程序 A 每次启动的时候 CPU 利用率就会上一个台阶）。该算法技术可用于构建故障传播关系，从而应用于故障诊断。常见的有 Pearson correlation、J-measure、Two-sample test 等算法，该算法技术在应用中的挑战为事件和 KPI 种类繁多，KPI 测量时间粒度过粗会导致判断相关、先后、单调关系困难。

⑤ 事件与事件关联挖掘：分析异常事件之间的关联关系，把历史上经常一起发生的事件关联在一起。该算法技术可用于构建故障传播关系，从而应用于故障诊断。常见的有 FP-Growth、Apriori、随机森林等算法，但前提是异常检测需要准确可靠。

⑥ 故障传播关系挖掘：融合文本数据与指标数据，基于上述多指标联动关联挖掘、指标与事件关联挖掘、事件与事件关联挖掘等技术，通过 Tracing 推导出模块调用关系图，并辅以服务器与网络拓扑，从而构建组件之间的故障传播关系。该算法技术可以应用于故障诊断，其有效性主要取决于其基于的其他技术。

（上述 AIOps 应用场景部分内容摘自《企业级 AIOps 实施规划》白皮书。）

# 第 4 章　实施规划与案例分享

## Chapter Four

AIOps 未来对于运维管理来说就是刚需。

例如，现在很多企业本着互联网思维开展业务创新，广泛采用利用基于容器技术的微服务架构，以便快速灵活地实现业务系统或服务系统的开发。那么，这对于容器资源的调配与管理就是一个新的课题，而这也正是 AIOps 可以发挥其价值的具体应用场景。这种资源的分配完全可以通过对资源的监控以及数据的分析实现智能预判，从而减轻工作负担，提升系统效率。

## 4.1　案例分享

首先，分享一个真实的案例。

某客户针对研究环境的资源使用情况，设计了一套应用资源模型分析解决方案，旨在分析资源画像并对 KPI 进行异常检测，具备资源动态伸缩、智能调度能力，并可以对接资源管理平台，建设一套智能运维原型系统。

客户云平台基于容器的 OpenShift/K8s 集群，监控工具分别采用开源的 Zabbix 和 Prometheus。

客户主要要求如表 4-1 所示。

## 第 4 章 实施规划与案例分享

表 4-1 资源智能调度主要功能需求

| 监控数据提取及存储处理方案 | 准实时监控数据提取方案<br>时序可分析的数据清洗方案<br>监控系统优先使用现有的 Zabbix 和 Prometheus |
| --- | --- |
| 资源画像 | 物理资源画像：环境所有服务器的 CPU、内存、网络、存储、进程、IO 资源总量、正常值、使用率等的画像<br>应用资源画像：环境所有应用的 CPU、内存、网络、存储、进程数、IO 资源总量、正常值、使用率等的画像 |
| KPI 异常检测 | 实时 KPI 异常检测内容包括：主机存活、CPU 系统占用、用户 CPU 进程占用、空闲内存总量、磁盘 I/O、磁盘空间使用率、进程的状态、硬件 CPU、硬件电源状态、硬件风扇状态、硬件内存状态、硬件磁盘状态；支持自定义对通用 KPI 的检测<br>阈值：动态、静态<br>异常 KPI 邮件告警包括：主机、KPI |
| 资源动态伸缩方案 | 设计一套能够分析资源动态伸缩的方案，检测环境中的应用资源 CPU 和内存 KPI，对资源富裕或紧缺的状态，控制资源管理平台分钟级伸缩 |
| 资源智能调度方案 | 设计一套资源调度机制方案，分析全局资源使用情况，自动化地调度资源，控制资源管理平台使其能够尽量集中到部署服务器之上，并对空闲服务器休眠或唤醒 |

我们通过 OpenShift/K8s 集群的 API 调取运行数据，通过 Prometheus 的 remote_write 收集大量 Openshift/K8s 指标数据，然后将上述两类数据实现对应，从而得到如图 4-1 所示的资源画像展示。

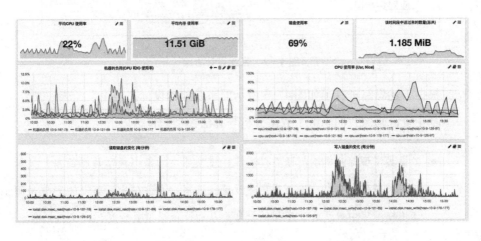

图 4-1 资源画像

数据准备阶段我们主要做了如下工作。

- 与 Prometheus 对接：从该系统中获取监控数据，进行数据清洗后，作为 KPI 数据使用。
- 与 OpenShift/K8s 对接。
- 通过 OpenShift/K8s 获取集群配置信息，作为资源画像和统筹规划的基础。
- 通过 OpenShift/K8s 获取集群监控信息，作为 KPI 数据使用。
- 物理资源调度的应用迁移时，通过 OpenShift/K8s 移动应用位置。
- 进行动态伸缩时，通过 OpenShift/K8s 对应用的资源配额进行控制。
- 与物理机控制接口对接：通过此接口实现智能调度的物理机休眠或者唤醒。

由此梳理出如图 4-2 所示的系统设计思路。

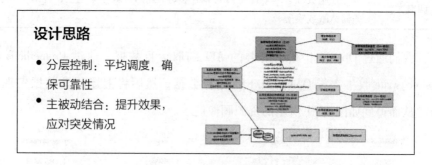

图 4-2　系统设计思路

根据上述思路进行了如图 4-3 所示的系统架构设计。

基于资源画像我们思考了数据分析与算法模型，包括以下几点。

- 多模式模型筛选机制：设立模型库，模型库中的每个模型足够简单，只针对一种序列模式。在输入序列上设置验证集，通过在验证集上的表现来筛选出模型库中最适合该序列的模型。从而降低模型复杂度，减少过拟合。

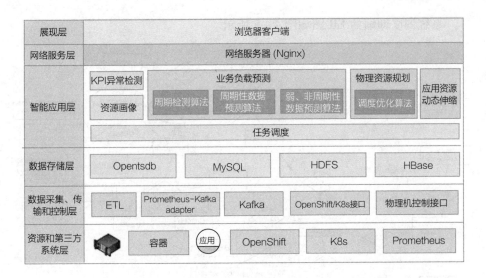

图 4-3　系统架构设计

- 以中位数为基础的周期分解：在趋势和周期项提取阶段都使用中位数，以降低离群点对于结果的影响。
- 阈值调整方法：通过对分位数曲线的拟合来决定检测阈值。本提案采用的阈值设定方法不需要残差分布的假设，因此在不同分布上可以取得一致的效果。

算法模型的逻辑示意图如图 4-4 所示。

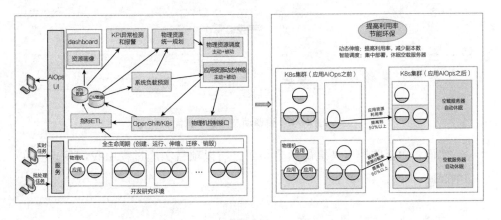

图 4-4　算法模型的逻辑示意图

101

系统调度伸缩的 ER 图如图 4-5 所示。

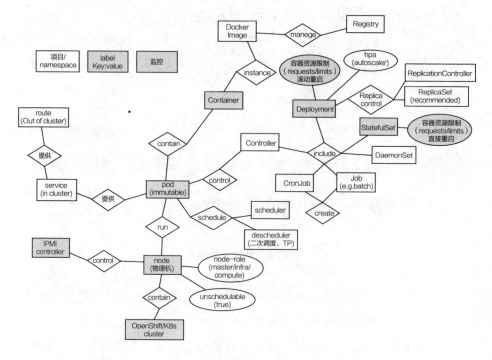

**图 4-5　系统伸缩调度的 ER 图**

最终实现资源动态分配的示意图如图 4-6 所示。

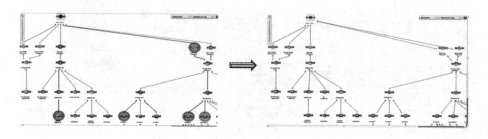

**图 4-6　资源动态分配示意图**

然而，由于监控工具隶属两个小组，所以项目实施过程中我们发现存在如下问题：

- 数据收集的时间不一致，导致统计口径不一致。

- 资源调动的规则理解不一致。
- 业务需求理解的偏差。

这从一个侧面也反映出实施一个数据项目所面临的客观现状。

数据如同企业的血液，和业务共同流淌在企业的躯体中。所以开展数据项目将为企业带来如下变化。

（1）理念认知。

数据意识是企业数字化转型的文化意识、理念意识。企业应该在全员中开展数字化教育和培训，培养尊重数据、重视数据、利用数据的认知，形成企业的数据文化，通过统一的数据语言解读企业运行的状态，为科学决策和业务创新奠定基础。

（2）组织变革。

案例中体现出组织结构对于数据应用的桎梏。传统的数据中心运维团队一般按照所辖工作领域分为网络组、主机组、存储组、软件组、开发组等，不同团队之间依靠 ITLL 流程实现制度化、标准化和规范化的管理。

然而，数据治理和数据平台建设将会改变这种分散的、缺乏协同机制的组织架构。DAMA 对于企业的组织架构变革有专门的章节论述。数据管理的出现将为组织带来甚至是颠覆性的变化，从岗位职责的设定到工作流的优化都可能源于数据角度而产生变化。数据流与数据共享将打破传统组织形式的障碍，实现全域全员的流转，这是一个理想的目标。

所以，根据经验，开展数据治理和数据平台建设是需要企业从决策层开始顶层设计，然后逐级落实的。这自然就会为数据中心或运维部门从数据资产管理和数据价值的挖掘利用角度带来新的架构调整。

## 4.2 运维知识图谱

知识图谱（Knowledge Graph），在图书情报界称为知识域可视化或知识领域映射地图，是显示知识发展进程与结构关系的一系列各种不同的图形，用可视化技术描述知识资源及其载体，并挖掘、分析、构建、绘制和显示知识及它们之间的相互联系。

知识图谱是一种现代化理论，它通过将应用数学、图形学、信息可视化技术、信息科学等学科的理论和方法与计量学引文分析、共现分析等方法结合，并利用可视化的图谱形象地展示学科的核心结构、发展历史、前沿领域以及整体知识架构，从而达到多学科融合目的。为学科研究提供切实的、有价值的参考。

知识图谱与知识库最大的区别和优势在于，知识图谱是动态的、有生命力的、可以不断自动化沉淀和迭代的体系，其主要特点如下。

1）用户搜索次数越多，范围越广，搜索引擎就能获取越多的信息和内容。

2）赋予字串新的意义，而不仅仅是单纯的字串。

3）融合了所有的学科，以改善用户搜索时的连贯性。

4）为用户找出更加准确的信息和更全面的总结，并提供更有深度的相关的信息。

5）把与关键词相关的知识体系系统化地展示给用户。

运维知识图谱的建设同样离不开数据的管理与应用，源于定义知识图谱的数据模型及用于表达物理世界的词汇体系和规范结构化的数据表达方式。

清华大学的裴丹教授为我们清晰地展现了一个运维知识图谱的制作与分析的过程。

首先，是如图4-7所示的各类硬件主体之间的关系。

然后，是如图4-8所示的软件主体和硬件主体之间，以及软件主体之间的关系。

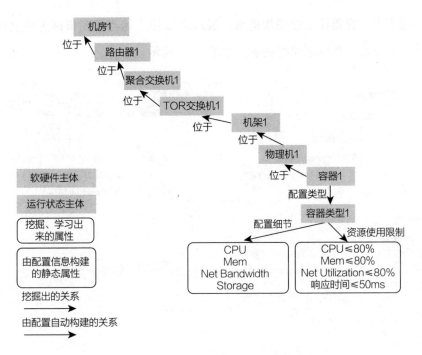

图 4-7 运维知识图谱——硬件实体

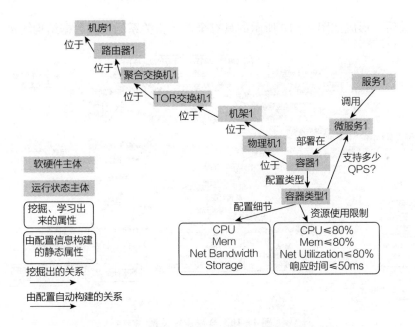

图 4-8 运维知识图谱——软件系统与硬件实体

接下来,将监控指标添加进来,展现出软件主体与监控指标主体之间的关系,以及监控指标之间的关系,如图4-9所示:

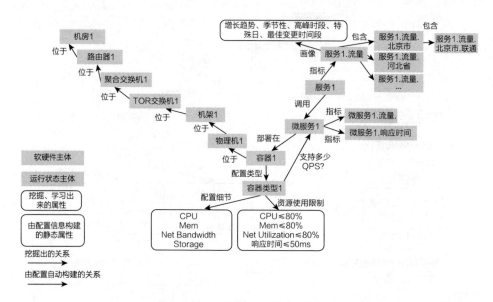

**图4-9 运维知识图谱——监控指标与软件系统和硬件实体**

最后,形成如图4-10所示的具有全局逻辑关系的大型数据结构图谱。

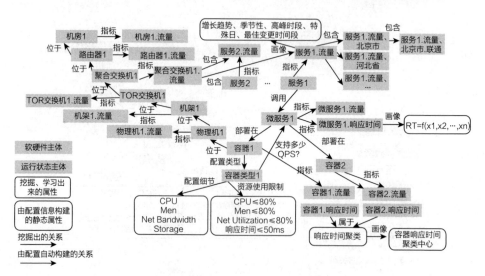

**图4-10 全局逻辑关系**

(上述图片文字摘自清华大学裴丹教授介绍资料。)

裴丹教授几乎为我们完整地演示了一遍数据模型与物理环境相对应的整个过程，非常精彩。而整个过程的梳理，也直接形成了数据对于实体、业务、指标、逻辑关系等要素的对应与反映，完全可以认为是梳理数据与运维业务的最佳实践。

## 4.3 实施规划

本节内容分为运维数据治理与系统建设实施和 AIOps 项目实施两个部分。

### 1. 运维数据治理与系统建设实施

对于一个运维数据治理与系统建设实施项目来说，可以参考一下标准实施线路图，下面会就项目进程的重要节点和里程碑做比较明确的介绍。

运维数据治理与系统建设实施路径见表 4-2。

如果按照里程碑节点划分可以参考图 4-11。

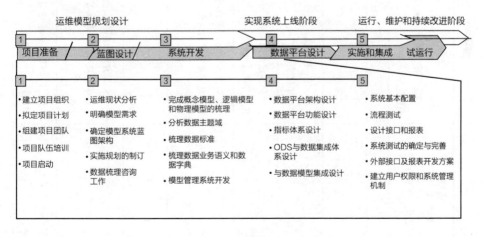

图 4-11 构建运维数据平台的各里程碑参考

表4-2 运维数据治理与系统建设实施路径

| 阶段 | 活动 | 任务 | 参与角色 | 交付成果 | 模板工具 |
|---|---|---|---|---|---|
| 项目规划 | 成立项目实施小组 | 指定实施方项目经理及项目组成员 | 实施部经理/实施总监/总部服务总监 | 《实施方项目组织成员名单》 | 《实施方项目组织成员名单》 |
| | 内部交接 | 客户基本信息、文档、口头承诺交接 | | | 《会议模板》 |
| | | | | | 《实施方项目组成员职责和任务》 |
| | 确立客户方项目组织 | 拜会客户并确定客户方实施方项目经理 | 客户经理/实施方项目经理 | 《项目内部交接记录单》 | 《项目内部交接记录单》 |
| | | 与客户方实施方项目经理审定双方项目组成员 | 实施方项目经理 | 《双方项目组成员名单》 | 《双方项目组成员名单》 |
| | | | 实施方项目经理 | | 《项目组织结构》 |
| | | 召开双方项目组首次会议,明确双方项目组职责 | 实施方项目经理 | 《会议纪要》 | 《客户项目组成员职责和任务》 |
| | | | | | 《会议纪要》 |
| | 制订《项目实施主计划书》 | 制订《项目实施主计划书》 | 双方项目经理 | 《项目实施主计划书》 | 《项目实施主计划书》 |

（续）

| 阶段 | 活动 | 任务 | 参与角色 | 交付成果 | 模板工具 |
|---|---|---|---|---|---|
| 项目规划 | 召开项目启动会 | 签署《项目实施主计划书》 | 实施方项目经理/实施部经理 | 《项目实施主计划书》 | 附:《项目实施计划》（Project 形式）《会议纪要》 |
| | | 确定会议日程和参加人员 | 双方项目经理 | | 《项目实施主计划书》 |
| | | 准备演讲PPT等资料 | 双方项目经理 | 演讲PPT | 实施方项目经理的讲演资料、数据治理理论、项目管理的培训（PPT）|
| | | 召开项目启动会 | 双方项目经理 | | 《项目启动会议纪要》 |
| | | 整理会议纪要 | 双方项目经理 | 《项目启动会议纪要》 | 《企业老总的讲话稿》|
| | 安装培训和测试环境 | 建立软硬件临时应用环境 | 技术顾问 | | |
| | | 安装调试产品 | 技术顾问 | 产品安装完成 | 《产品安装确认报告》 |
| | | 系统管理员技术培训 | 技术顾问 | 完成对客户方系统管理员的培训和考核 | 《培训考核记录单（系统管理员）》 |
| | | | | 《系统管理员操作手册》 | 《系统管理员操作手册》 |

(续)

| 阶段 | 活动 | 任务 | 参与角色 | 交付成果 | 模板工具 |
|---|---|---|---|---|---|
| | 理念及产品培训 | 制订《培训计划书》 | 实施方项目经理 | 《系统运行管理制度》（系统管理部分） | 《系统运行管理制度》（系统管理部分） |
| | | 培训前准备 | 实施方项目经理 | 《培训计划书》 | 《培训计划书》 |
| | | 数据治理理念培训 | 实施方项目经理 | 培训教材、Demo数据（行业数据）、教室、师资等 | 《标准教材》《练习题》《考试题》 |
| | | 标准产品培训 | 咨询实施顾问 | | |
| | | 培训考核并确认 | 咨询实施顾问 | 《培训总结报告》附：考勤记录、考核记录 | 《培训总结报告》附：《培训考勤记录》《考核记录》 |
| 需求分析 | 业务需求分析 | 准备调研提纲、问卷 | 咨询实施顾问 | 《需求调研提纲》 | 《一般业务调研提纲》 |
| | | | | | 《分产品的调研提纲》 |
| | | 制订调研计划 | 实施方项目经理 | 《需求调研计划》 | 《行业调研提纲》 |
| | | 详细业务需求调研 | 实施方项目经理/咨询实施顾问 | | 《需求调研计划》 |
| | | 需求和产品匹配分析 | 实施方项目经理 | | |
| | | 需求分析报告 | 实施方项目经理 | 《需求分析报告》 | 《需求分析报告》 |

(续)

| 阶段 | 活动 | 任务 | 参与角色 | 交付成果 | 模板工具 |
|---|---|---|---|---|---|
| 需求分析 | 解决方案设计 | 准备初步业务解决方案 | 实施方项目经理 | 《业务解决方案V1.0》 | 《初步业务解决方案V1.0》 |
| | | 建立客户系统配置 | 咨询实施顾问 | | 《参数设置方案》 |
| | | 建立客户系统数据准备 | 咨询实施顾问 | | 《系统编码方案》 |
| | | 测试和解决未决问题 | 咨询实施顾问 | | |
| | | 修订业务解决方案 | 实施方项目经理/咨询实施顾问 | 基本确认《业务解决方案V2.0》 | 《业务解决方案V2.0》 |
| 蓝图设计 | | (客户化开发的需求) | 实施方项目经理 | (《客户化开发需求报告》) | 《参数设置方案》《系统编码方案》（《客户化开发需求报告》）(分产品) |
| | | 基础数据准备方案 | 实施方项目经理 | 基础数据档案 | 《静态数据准备表单》 |
| | 静态数据准备 | 静态数据准备计划 | 实施方项目经理 | 《静态数据准备计划》 | 《静态数据准备计划》 |
| | | 静态数据准备 | 咨询实施顾问 | | |
| | | 数据校验和确认 | 咨询实施顾问 | 确认后的静态数据 | |
| | | (数据转换程序的开发与测试) | 技术顾问 | | |

（续）

| 阶段 | 活动 | 任务 | 参与角色 | 交付成果 | 模板工具 |
|---|---|---|---|---|---|
| 蓝图设计 | 系统测试 | 准备测试环境（系统安装） | 技术顾问/咨询实施顾问 | | |
| | | 准备测试环境（系统参数配置） | 技术顾问/咨询实施顾问 | | 《系统参数配置》 |
| | | 编写测试案例 | 咨询实施顾问 | 《测试案例清单》 | 《测试案例清单》 |
| | | 准备测试数据 | 咨询实施顾问 | | |
| | | 制订测试计划 | 实施方项目经理 | 《测试计划》 | 《测试计划》《测试方案》 |
| | | 测试环境（硬件） | | | |
| | | 测试过程 | 技术顾问/咨询实施顾问 | | |
| | | 测试问题的处理 | 技术顾问/咨询实施顾问 | 《测试问题记录清单》（《客户化开发需求报告》） | 《测试问题记录清单》（《客户化开发详细需求文档》） |
| | | 测试总结和确认 | 实施方项目经理 | 《测试报告》 | 《测试报告》 |
| | | 修改和完善解决方案 | 实施方项目经理 | 修改和完善后的《业务解决方案》 | 调整后的《业务解决方案》 |
| | （组织客户化开发） | 讨论客户化开发内容 | 实施方项目经理 | 客户化开发详细需求文档 | 《客户化开发详细需求文档》 |

(续)

| 阶段 | 活动 | 任务 | 参与角色 | 交付成果 | 模板工具 |
|---|---|---|---|---|---|
| 蓝图设计 | | 客户化开发的商务谈判 | 实施方项目经理 | 《客户化开发合同》 | 《客户化开发合同》附：《客户化开发项目报价》 |
| | | 确定客户化开发计划 | 实施方项目经理 | 《客户化开发计划》 | 《客户化开发计划》 |
| | | 组织客户化开发人员进行客户化开发 | 实施方项目经理 | | |
| | | 客户化开发产品交付 | 实施方项目经理 | 《客户化开发产品手册》 | 《客户化开发产品手册》 |
| | | 集成测试和验收 | 实施方项目经理 | 《客户化开发产品验收报告》 | 《客户化开发产品验收报告》 |
| | 解决方案验收 | | 实施方项目经理 | 双方确认的最终《业务解决方案V3.0》 | 《业务解决方案V3.0》 |
| | 制作业务应用标准操作手册 | 业务操作、静态数据调整规范 | 实施方项目经理 | 《用户标准操作手册》 | 《用户标准操作手册》 |
| | 系统运行管理制度建设 | 系统维护规范 | 实施方项目经理 | 《系统运行制度》 | 《客户系统运行制度》 |
| | 帮助建立内部支持体系 | | 技术顾问 | 内部支持体系投入运行 | 《项目信息管理系统》 |
| 项目实施阶段 | 生产系统准备 | 生产系统安装（含客户化开发） | 技术顾问 | 可正常运行的软件系统 | 《生产系统安装备忘录》 |
| | | 统一基础数据和公共参数设置 | 咨询实施顾问 | 《用户标准操作手册》 | 二次开发程序或补丁程序 |

113

（续）

| 阶段 | 活动 | 任务 | 参与角色 | 交付成果 | 模板工具 |
|---|---|---|---|---|---|
| 项目实施阶段 | 业务权限规划和分配 | 业务权限规划和分配 | 实施方项目经理 | 正确可行的系统权限配置结果 | 《操作权限规范列表》 |
| | | 权限测试 | 咨询实施顾问 | | |
| | 最终用户培训 | 制订最终用户培训计划 | 实施方项目经理 | 《最终用户培训计划》 | 《最终用户培训计划》 |
| | | 培训师准备 | 咨询实施顾问 | | |
| | | 培训准备 | 咨询实施顾问 | Demo数据、考试题 | Demo数据、考试题 |
| | | 进行培训 | 实施方项目经理/咨询实施顾问 | | |
| | | 培训考核和总结 | 实施方项目经理 | 《培训总结报告》 | 《最终用户培训总结报告》《最终用户培训考勤记录》《最终用户培训考核记录》 |
| | 静态数据转换 | 制订静态数据转换计划 | 实施方项目经理 | 静态数据转换、校验完成 | 《静态数据转换计划》 |
| | | 数据录入和参数配置 | 咨询实施顾问 | | 《系统切换检查表报告》 |
| | | 数据录入和参数配置校验 | 咨询实施顾问 | | 数据导入工具 |
| | 动态数据转换 | 制订动态数据转换计划 | 实施方项目经理 | 《动态数据转换计划》 | 《动态数据转换计划》附：《动态数据转换方案》 |

(续)

| 阶段 | 活动 | 任务 | 参与角色 | 交付成果 | 模板工具 |
|---|---|---|---|---|---|
| 项目实施阶段 | 系统正式运行 | 动态数据准备 | 咨询实施顾问 | | 《系统切换检查表报告》 |
| | | 动态数据切换 | 咨询实施顾问 | | |
| | | 系统切换报告 | 实施方项目经理 | 《系统切换报告》 | 《系统切换报告》 |
| | 上线运行支持 | | 咨询实施顾问 | 系统上线支持 | 《系统运行问题跟踪记录单》 |
| | 项目总结 | 整理实施文档 | 实施方项目经理 | 全套项目文档 | 《项目整理文档规范》 |
| | | 准备项目验收报告和维护合同 | 实施方项目经理 | 《项目总结报告》 | 《项目总结报告》 |
| 项目验收阶段 | 项目验收 | 项目总体验收 | 实施方项目经理 | 《项目终验报告》 | 《项目终验报告》 |
| | 持续支持 | 与维护部门交接 | 实施方项目经理 维护部门 | 实施方和维护部门进行项目交接 | 《项目交接记录》 |
| | | 后续维护与支持 | 技术支持 | | 《程序补丁更新流程》《维护合同》 |

## 2. AIOps 项目实施

(1) SPSS 的数据挖掘最佳实践。

AIOps 其实是针对运维数据分析与机器学习技术的应用,所以在开展一个具体的 AIOps 项目的时候,我们认为有必要参考 SPSS 针对跨行业数据挖掘标准过程总结的 CRISP_ DM 科学方法论。如图 4-12 所示,该方法论指出数据挖掘其实是一个闭环的不断迭代优化的过程。通过六个步骤才可以完成一个完整的数据挖掘过程,下面逐一介绍。

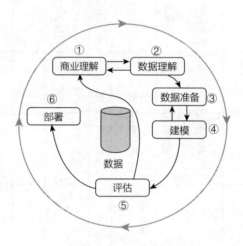

图 4-12　SPSS 数据挖掘最佳实践

① 商业理解（business understanding）。在这第一个阶段必须从商业的角度理解项目的要求和最终目的,并将这些目的与数据挖掘的定义以及结果结合起来。

该阶段的主要工作包括：确定商业目标,发现影响结果的重要因素,从商业角度描绘客户的首要目标,评估形势,查找所有的资源、局限、设想以及在确定数据分析目标和项目方案时要考虑到的各种其他因素,包括风险和意外、相关术语、成本和收益,等等,接下来确定数据挖掘的目标,制订项目计划。

② 数据理解（data understanding）。数据理解阶段开始于数据的收集工作。接下来就是熟悉数据的工作，具体包括：检测数据的量，对数据有初步的理解，探测数据中比较有趣的数据子集，进而形成对潜在信息的假设。收集原始数据，对数据进行装载，描绘数据，并且探索数据特征，进行简单的特征统计，检验数据的质量，包括数据的完整性和正确性，缺失值的填补等。

③ 数据准备（data preparation）。数据准备阶段涵盖了从原始粗糙数据中构建最终数据集（将作为建模工具的分析对象）的全部工作。数据准备工作有可能被实施多次，而且其实施顺序并不是预先规定好的。这一阶段的任务主要包括：制表、记录、数据变量的选择和转换，以及为适应建模工具而进行的数据清理，等等。

根据与挖掘目标之间的相关性、数据质量以及技术限制，选择作为分析使用的数据，并进一步对数据进行清理转换，构造衍生变量，整合数据，最后根据工具的要求，格式化数据。

④ 建模（modeling）。在这一阶段，各种各样的建模方法将被选择和使用，通过建造、评估模型将其参数校准为最为理想的值。比较典型的是，对于同一个数据挖掘的问题类型，可以有多种方法可供选择使用。如果有多重技术要使用，那么在这一任务中，对于每一个要使用的技术要分别对待。一些建模方法对数据的形式有具体的要求，因此，在这一阶段，重新回到数据准备阶段执行某些任务有时是非常必要的。

⑤ 评估（evaluation）。从数据分析的角度考虑，在这一阶段中，已经建立了一个或多个高质量的模型。但在进行最终的模型部署之前，必须更加彻底地评估模型，回顾在构建模型过程中所执行的每一个步骤是非常重要的，这样可以确保这些模型是否达到了企业的要求。一个关键的评价指标就是，看是否仍然有一些重要的企业问题还没有被充分地加以注意和考虑。在这一阶段结束之时，有关数据挖掘结果的使用应达成一致的决定。

⑥ 部署（deployment）。部署，也就是将所发现的结果以及过程组织成可

读文本的形式。模型的创建并不是项目的最终目的，尽管建模是为了增加有关数据的信息，但这些信息仍然需要以一种客户能够使用的方式被组织和呈现。这经常会涉及一个组织在处理某些决策的过程中，如在决定有关网页的实时人员或者营销数据库的重复得分时，拥有一个"活"的模型。

根据需求的不同，部署阶段既可以像写一份报告那样简单，也可以像在企业中进行可重复的数据挖掘程序那样复杂。在许多案例中，往往是客户而不是数据分析师来执行部署阶段。尽管数据分析师不需要处理部署阶段的工作，对于客户而言，预先了解需要执行的活动从而正确地使用已构建的模型依然是非常重要的。

（2）AIOps 实施建议总览。

针对 AIOps 的实施落地，有很多内容可以参考《企业级 AIOps 实施建议》白皮书，而高效运维社区发起人萧田国先生也为我们提炼了 AIOps 总览视图（见图 4-13）。

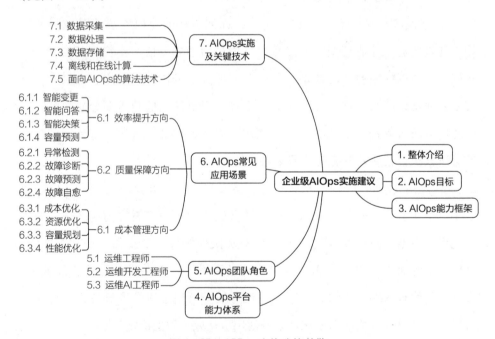

图 4-13　AIOps 实施建议总览

（图片摘自萧田国"GOPS 全球运维大会 2018 年深圳站"演讲材料。）

(3) AIOps 实施需要翻越的三座大山。

有业界认为 AIOps 的实施需要翻越三座大山：

第一座大山是数据采集的挑战，包括全方位、实时、多维度、全量地对运维数据进行采集，是所有工作的第一步。

第二座大山是数据中台建设，包括海量存储与扩展性的挑战、数据类型多样化的挑战、多样化的数据分析需求挑战、数据治理的挑战。

第三座大山是算法挑战，包括人的因素、期望、业务场景和工程化四个维度。

（上述内容来自中国 IT 研究中心。）

(4) 开展 AIOps 的四点经验。

而 FreeWheel 运维团队总结了开展 AIOps 的经验，认为以下四个方面最为重要。

①标准化是基础。比如报警的标准化和规范化，就是 AIOps 的重要基础，否则后续的工作代价就很大。最好能有架构师团队从架构决策层面整体把控技术平台的选型、走向以及相关的标准规范，并通过强有力的治理（Governance）来统一协调，推进项目，做好平衡。

②技术选型很关键。实施 AIOps，既可以选用相对成熟的商业化工具，也可以考虑自主研发，关键是结合企业自身的业务特点和能力，注意投入产出比和时效性。

③找准切入点。如 FreeWheel 选择从监控体系层面切入，因为这个层面数据最丰富、痛点最突出、价值最彰显。同时 FreeWheel 也选择在业务层面、基础设施层面的一些点状问题（如 IVT、SD-WAN）上探索实践。这些切入点的选择需要结合企业的特定情况，争取达成良好的示范效应，同时也要注重培养团队、夯实技术支撑体系，为后续的推广应用打下基础。

④ 人员从业经验很重要。在团队方面，人员的素质和经历很重要，只有在实践中切实踩过坑、解决过实际问题的人，才能对技术、流程、进度有深入理解和切身体会。

（摘自 CSDN 博主"nickname_ cpongo6"的原创文章。）

（5）构建一套完整的 AIOps 最佳实践。

在简书上有一篇由 AIOPstac（网名）撰写的 9 步构建一套完整的 AIOps 最佳实践的文章，可供读者参考。

这篇文章的作者将 AIOps 的实践落地整体上分为早期、中期和后期三个阶段。

**早期阶段**

① 识别当前用例。鉴于各种变数情况，我们最好先从自己所熟悉的方面开始。对于大多数用户来说，他们当前的各种用例方案基本上是无法应对那些新技术的发展的。因此，我们可以列举出自己当前正在处理或准备解决的用例列表。

下面给出的切入点可方便我们发现当前的"目标"状态。

列出如何实现各种预期的结果，评估特定用例的优先级，突出当前能力、工具、技能或过程中与目标所存在的差距。同时，这也是制定出一个成功 AIOps 战略的良好开端。通过强调这种"开启"方式，我们会发现许多新的用例。

各种新的预期结果也会涌现出来，而它们的优先级将随着我们的业务和技术的变化而做相应的调整。可见新的 AIOps 方法会给我们带来各种新的可能性与挑战。

所以说，重要的是要在一开始就能找到从我们当前所处的位置前往目标的桥梁。只有找到了我们面临的问题和需要改变的地方，才能选择正确的道路去实现，反之则注定失败。

# 第 4 章　实施规划与案例分享
## Chapter Four

AIOps 的首要基本元素是：来自不同工具的数据流能够自由地汇聚到大数据存储区中。

因此，我们必须评估自己 IT 系统中获取到的各类数据的易用性和频率。我们理想的最优模型为：实时地发送数据流。

然而，目前很少有 IT 监控或服务台（service desk）工具能够支持向外流出数据。当然，它们迭代出的最新版本应该能以 REST API 的方式提供编程上的交互与支持。

但是，如果使用的是基于诸如 Oracle 或 SQL 之类的传统关系数据库，由于它们在最初设计时并不支持数据的连续流出，即使具有可编程接口，也会对生产系统的性能产生巨大的影响，因此，我们可以断言它们并不能支持数据流。

可见，在制定 AIOps 策略的早期，重要的步骤之一就是要明确自身系统对于数据流的支持能力，并为如下问题给出相应的答案：

如何从当前的 IT 工具中获取数据？

能得到什么样的数据？

能够通过编程的方式来实现吗？

获取到的这些数据的频率是怎样的？

通过发现这些约束条件，我们可以考虑更改当前的数据整合策略（例如，将批处理上传模式转化为流式），甚至考虑将现有的 IT 工具替换为那些支持实时数据流的软件。

②就系统记录达成一致。AIOps 的第二个基本要素是：组织的协同和沟通。建议 IT 运营和 IT 服务管理人员协作审查各种数据的需求，同时就各自的角色和责任达成共识。在此，我们主要着眼于基于共享数据的协同决策。

这里所说的数据并不是那些已经流入 AIOps 大数据存储区，以待分析的数据。而是指那些 IT 人员可以从自身环境中获悉的、用于采取行动和做出决断并最终能够跟踪效果的数据。因此，整个团队需要针对数据达成如下共识：

- 为突破系统的当前限制所需要的最小数据集。
- 数据所在的位置。
- 团队所能共享的联合视图与访问权限。

我们可以在大数据平台上构建各种"仪表板"，来筛选出具有特定用途的大数据集，即：对不同数据源产生不同的视图。

当然，我们也可以从"在当前环境中选择数据子集，并将其反馈（如 Jira 工单和 APM 事件等）到已建成的记录系统中"开始。

③制定成功标准并开始跟踪它们。任何成功的业务与 IT 管理都起源于了解各种关键性能指标（KPI）和度量标准。因此，具有可操作性的方面包括：

- 了解要对哪些方面进行测量。
- 实现一致且完备的措施。
- 定期报告或提供性能衡量的可视化。
- 能够对责任方问责。

一般，大多数 IT 工具都自带有几种衡量工具和模板，它们往往能够为我们提供各种参数。当然，数量是无法真正反映背后因果关系的。如果我们只是简单地将它们放到报表中的话，并不能给企业带来业务上的提升。

**中期阶段**

④评估当前和未来状态下的数据模型。数据模型评估是一个关键方面，但很少有人真正理解或愿意这么做。本质上说，我们必须为即将上马的 AIOps 方案厘清各个数据源的数据模型，以保证这些模型能够被 AIOps 的用例所识别，进而评估出不同模型间的直接交互和预期结果。

之所以说它具有一定的挑战性，是因为大多数 IT 工具的数据模型对于用户而言都是不可见的。很少有组织，甚至包括一些数据分析人员或专家，能真正知道大数据平台（使用的是 NoSQL）与传统数据库（使用的是 SQL）的不同之处。AIOps 实际上是在一个大数据存储库中关联了来自不同 IT（和非 IT）源的数据，使得它们能够互联互通，从而实现分析和趋势判断。

AIOps 系统可以处理许多种共享的数据结构（如下所示），而不需要额外地进行二次开发或改进。

- 时间戳：各种事件、日志和度量中带有时间点特征的数据，可以被聚集在一起用于关联事件，并按照时序进行因果分析。
- 属性：某个事件、日志或度量所关联的信息键值对（key：value），如"状态""源""提交者"等，可用于在不同数据集之间创建关系模型。
- 历史性：时间序列或事件活动的过往数据，可用来预测将来的表现或门限值，如饱和度（saturation）和退化度（degradation）。
- 效应：一天、一周、一个月等时序数据所呈现的趋势或规律性，可用于关联多个数据集或预测可伸缩性的资源需求。
- 应用程序、服务和业务模型：如果我们能够定期进行发现与配置管理上的实践，就可以用它们来通知 AIOps 平台各种资产的分组、关联、依存关系，以及做到数据的去重。

总之，通过构建良好的时序数据，AIOps 能够运用各种运营监控与管理工具来关联、分析和预测各种时序数据，进而实现：

- 将 IT 和非 IT 类数据相结合，例如：用户数量+性能表现、延迟时间+转换率；
- 增加数据的"粒度"，例如：从 5 分钟的频率提升到 1 分钟；
- 对数据流进行应用级的分析，例如：做到"实时"或对特定历史时间段的查询。

人工捕获的事件往往是非结构化的，而大多数设备获取的 IT 事件的二进制大对象（binary large object，简记为 blob）也只能达到半结构化。它们都存在着格式不一致、不够完整、大量重复等缺点。因此，AIOps 应当对这些 IT 事件属性提供范式转换，为进一步分析做好准备。如今，许多 AIOps 都能聚焦事件的管理、分析和关联。一旦数据流入 AIOps 平台，我们就必须考虑其数据结构和完整性是否支持机器分析。

常用的一种方法是：对传入的数据执行 ETL［Extract（提取）、Transform（转换）、Load（加载）三个英文单词的首字母］，也就是在数据流中进行规范化和集中式转换，以便实现对数据的关联和分析。

当然，在采用 AIOps 方案之前，企业可能会面临两方面的压力：

一方面，大量有待转换、处理和分析的数据可能会使得当前的系统无法实现实时性或升级成本高昂。需要人工去管理和维护各种数据的结构与标准，否则系统只能对已知模型进行处理，而无法适用于新的数据类型。

另一方面大多数云服务系统也会使用"标签"策略作为最佳实践。它们通过对不同类型对象的属性变量进行散列，然后独立于对象本身，仅使用标签来进行引用、排序、关联和分析。不同于那些带有固定公共值的预定义映射关系，标签是能够跟随数据一同变化的。NoSQL 数据库和诸如 ElasticSearch 之类的大规模分析工具，都能够通过标签来处理各种属性关系。此外，系统还能在数据流入时就实时地打上标签，以避免任何具有未知特性的"盲数据"产生。

可见，企业需要通过具有 ETL 或标签能力的 AIOps 大数据平台，来实现对数据模型的实时评估与管控。

（5）分析现有工作流。

至此，我们对 AIOps 方案的分析已经准备就绪了。此处的分析并非来自于 IT 工具，而是我们定期或不定期进行的、旨在改进流程、降低成本和提高性能的离线式手动分析。我们可以通过手动分析 AIOps 方案，以不断迭代的方式解决自动化过程中出现的问题，进而减少花费在分析上的手动工作量，并提高分析的频率和范围。

可见，AIOps 的目的就是：减少我们在手动上花费的时间和精力，通过提高速度与频率，以实现对数据集的自动化实时分析。

（6）开始实施自动化。

诚然，每个人都知道自动化的价值，但是不同的团队对此却有着不同的理解。DevOps 带来的持续集成（Continuous Integration，CD）与持续交付（Continuous Delivery，CD），对 IT 运营的自动化产生了相应的影响。

IT 运营（ITOps）着眼于自动化任务和协调各项步骤。其中包括：实现服务台的工作自动化、自动给服务器打补丁、通过监控工具来自动修正系统错误。难点在于横跨各种工具间的步骤配合与相互联动。

DevOps 则着眼于自动化自身的开发任务和业务流程，以消除瀑布式开发所带来的分段式审查过程、隔离式测试、行为合规以及运营与上线联动等所造成的瓶颈与滞后。

可见，DevOps 的应用团队旨在通过开创新的服务（如云端应用），来加快集成与交付的速度与频率。而 IT 运营团队则需要"自动化所有"，他们需要协调的不仅仅是持续集成与持续交付，而是整个"链条"。如果不知道服务何时从测试转移到生产环境，不知道谁手中的源代码会对环境产生何种影响，不知道如何识别与度量业务开发人员积压的工作，那么他们就无法真正有效地去管理好自己的自动化环境。

因此，IT 运营需要跟上 DevOps 的速度和敏捷性，综合运用工具来发现信息、共享信息，并通过与 DevOps 的沟通来"刷出自己的存在感"。

**后期阶段**

（7）开发新的分析工作流。

通过中期阶段对于现有工作流的分析，我们应当能够自动化并扩展了自己的 AIOps 方案，同时实现了如下方面：

- 评估现有工作流的价值。
- 修改和改进现有工作流。
- 基于现有差距开发新的工作流。

一旦在 AIOps 平台中实现了对现有流程的自动化，我们就可以进一步评估：正在分析的信息是否真正有用？其趋势判断的结果是否可行？以及如需更改的影响会有多大？我们可以利用现有工作流的分析结果形成"正反馈"，从而开发出新的分析工作流。

（8）使组织适应新的技能集。

在角色上，IT 运营人员将从一般"从业者"转换为"审计者"。他们应当跳出固守了十多年的对于设备完全掌控的观念，将目光投到业务数据的分析上。虽然不需要具有数据科学层面的机器分析知识水平，但是他们确实需要了解系统是如何处理数据以及如何实现业务目标的。这也是 AIOps 将给 IT 运营人员带来的最大变化。

虽然整个市场目前尚未完全成熟，但是各个企业仍值得去培养具有 AIOps 能力的人才。假以时日，他们必将为组织带来结构化的科学转变，并让组织从中受益。

（9）定制各种分析技术。

最后，在运用 AIOps 进行 IT 运营方面，组织还需要开发出一些数据科学方面的实践。通过数据科学家、开发者与分析师的协作，他们就能够开发出可以在大数据集上运行的算法，并在代码上使用 Python 或 R 语言来实现各种数据科学的模型。

当然，IT 运营人员不必了解过多有关数学和编程方面的知识，他们只需要管理好一个具有半智能、半自治能力的系统架构就足够了。他们应当能够根据 AIOps 供应商所提供的多个备选分析系统，选择最适合于自己环境的组合。

上述这些理论可以理解为基于经验总结的最佳实践。所谓最佳实践就是企业按照这些步骤或方法开展项目就不会走偏，把握好每个关键的项目节点和质量控制，项目的成功是有把握的。

（以上内容摘自简书由 AIOPstac 撰写的《仅需 9 步构建一套 AIOps 的最佳实践》"。）

## 4.4 对 AI 的认知

我们需要在这里强调，企业开展 AIOps 的最重要基础是对 AI 的正确认知和定位，也就是树立正确的"AI 观"。

今天 AI 的火爆当然与 AlphaGo 的围棋事件有直接关联。其实，当初"深蓝"战胜国际象棋大师时我们就应当想到计算机是否也会有战胜围棋高手的那一刻。毕竟与规则复杂的国际象棋相比，围棋有简单的规则、更为深奥的大局观和局部攻杀技巧（如官子、手筋），而这些都更加难以学习，围棋中甚至还蕴含了一些哲学理念。然而这个时刻很快就到来了。

关于 AlphaGo 算法的文章网上已经非常多了，这里就不赘述。如图 4-14 所示，这些理论方法总结中最为核心的就是策略网络和价值网络。但其实，我个人认为，这些对局是 AlphaGo 自己在和自己对弈，含义就是无论对手走的下一手在哪里，AlphaGo 都已经计算出赢棋概率大于 51% 的应对手段。换句话说，AlphaGo 不会走错招或漏招，当然人类也就很难战胜它了。

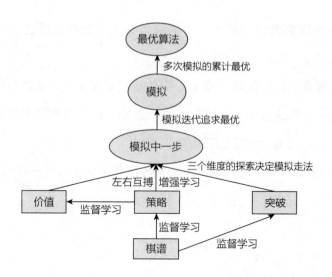

图 4-14 AlphaGo 的 AI 理论

但这并不是说 AI 就可以战胜人类了。这只能证明开发 AlphaGo 的 DeepMind 团队教会了机器学习围棋的方法,当然其中的算法还是极其优秀的。

在实际的生产经营环境中,对未来的探寻之路是坎坷的。

老赵曾是著名的数据挖掘与统计分析软件厂商 SPSS 软件进入中国的第一批员工,那个时期正是商业智能(Business Intelligence,BI)分析软件在市场上开始呼风唤雨的时候。人们很惊叹 Hyperion 软件(也是一种 BI 系统)对数据展示出的绚丽。当时客户经常把 SPSS 软件与 BI 系统混淆,最经常问老赵的问题是,你们与 BI 系统的区别在哪里?于是他一遍又一遍地告诉客户:BI 系统可以告诉您过去发生了什么,而 SPSS 可以告诉您未来可能会发生什么。

然而数据挖掘和机器学习的技术真的就可以告诉我们未来吗?

老王曾为某电力公司做过研究课题。电力公司希望通过调整区域自主统筹的阶梯电价对所辖范围内的高耗能高污染的企业实现生产强制调控。对此老王和他的同事们开展了数据分析,不过结果是令人遗憾的,他们发现这两者并不存在明显的相关性,而耗能企业的成品的市场价格波动却是与生产强相关的。

2008 年汶川大地震后的一周,老李接到了国家地震局的电话,希望他们能够参与一项课题研究,就是通过卫星遥感实现对地球地理温度的测控,进而探寻地球物理变化与地震发生的规律。老李一开始惊喜地发现在全球范围内他们的准确度还是不错的,认为这可能是一个新的突破。然后专家要求他们开始聚焦,对全国主要地震带开展分析,这个时候他们的准确率却出现了断崖式的下跌。

举这两个例子是希望告诉读者,对于 AI 要有清醒的认识和定位。我们承认 AI 在未来具有帮助人类更准确地认识客观世界的能力,但至少到现在为止,AI 起到的是锦上添花的作用,不要赋予它雪中送炭的重任。

目前在学术界对 AI 尚存质疑,已经去世的世界级科学家霍金教授对 AI 持悲观态度,认为今天的 AI 并不是真正意义上的人工智能甚至超级智能(Super Intelligence)。

而 Facebook 和 Google 的首席科学家 Yann LeCun 和 Hinton 也都认为目前的 AI 其实指的是当前用来实现"人工智能效果"的技术(基于统计的机器学习)。

企业需要对 AI 有清晰的认知和定位。最近发生的一系列由于 AI 失灵而引发的交通事故也证明了目前的 AI 技术是不成熟的。所以企业无论是在制定以 AI 为方向的战略规划还是设计 AIOps 的运维管理体系时,都需要基于 AI 目前所具有的能力与未来要实现的业务场景来开展评估。

图 4-15 非常清晰地说明了统计学、数据挖掘、机器学习和 AI 技术的关系。

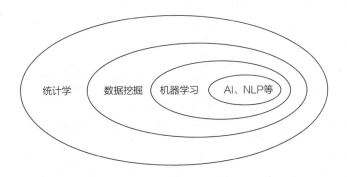

图 4-15　AI 与统计学、数据挖掘、机器学习等的关系

统计学是采用特定统计手段对被测对象进行描述、推断以及预测，以达到对被测对象一定程度上的甚至趋近本质的了解；数据挖掘则是透过被测对象的表象发现隐藏在背后的深层规律，以及看似没有关系的事物之间的联系，并以此来洞察未来；机器学习技术通过计算机实现并采用特定算法发现被测对象的隐含规律和联系，并以此来开展分析预测；AI借助计算机模拟或实现人类的学习行为，以获取新的知识或技能，使之不断改善自身的性能。

AI可以帮助人类认知未来，这是AI的巨大价值所在。然而，未来的不确定性也让企业无法将自身的命运完全下注在AI上。我们承认今天的竞争环境需要企业对未来形成预知预判的能力，但这项能力的基础首先是对数据管理和应用的能力。所以，借用一句古话，"与其临渊羡鱼，不如退而结网"。企业应该先实现自身数据能力的升级，完成运维数据资产化和数字化转型，从而为未来的AI应用奠定数据基础。

# 第 5 章　运维数据资产化与运维管理数字化转型

## Chapter Five

本章聊聊运维的数据资产化管理和数字化转型。

如本书开篇所言，请用升维的思维方式来看待运维的数据资产管理与数字化转型。

裴丹教授以无人值守的运维为 AIOps 的终极理想，我个人认为未来的运维数字化转型是以基础业务管理、基础能力中心和基础资源中心为提升方向的，如图 5-1 所示。

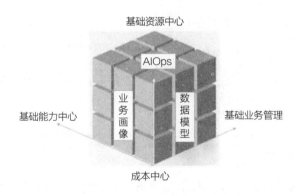

图 5-1　运维中心数字化转型的三大职能提升

基础业务管理就是我们目前正在使用的 ITIL、DevOps 和各种监控管理自动化工具，以及事件管理、工单调度等业务。

基础资源中心就是将企业的 IT 环境以及未来的各种变化作为企业基础资

源,包括基础设施的建设与升级、人才储备、技术储备等。

基础能力中心就是未来基于资源中心而为企业衍生创造的各种能力,包括感知能力、优化能力、洞察能力、创新能力、风险管理能力和业务连续性管理等。

首先,我们讨论一下数据资产化。这个领域已经有很多业界大咖的论述与经验总结,这里分享的仅是一家之言。

企业需要对数据资产化有比较清晰的理解和目标,也就是开展数据资产管理的目的。企业都希望能够通过数据变现来实现价值的增值。企业数据变现一般有两种途径,一种是数据交易,另一种是企业数字化转型。数据交易就是对外输出基于数据分析后的参考报告或是直接买卖数据,不在本书讨论范围内。我们讨论的重点在于企业对内的数据资产化管理的价值。

真正从经济学角度来评估数据资产价值是复杂的。从经济学角度而言,数据资产化只是一个概念,因为数据本身并不能形成经济指标。经济学上,价格是价值的体现,而衡量数据价格时却无法找到一个"一般等价物"予以比照测算。

于是有了信息经济学的诞生。

Gartner 公司的数据价值评估方法论是其信息经济理论的一部分,按照这个方法论,信息价值可分为内在价值、业务价值、绩效价值、成本价值、市场价值和经济价值六种。

Gartner 对于其中的每一项都有明确的定义和计算方法,读者有兴趣可以参考网上的文献资料。

这些复杂而具体的计算,对于企业的数据管理者来说是必要的方法,为企业数据管理提供了清晰的 ROI 分析的途径。而对于企业决策者而言,数据资产管理的价值可以简单理解为

数据资产 = 数据创造的业务价值 – 拥有与使用数据的成本

所以说,企业开展数据资产化是要通过数据创造业务价值,而不是为

了资产化而资产化。资产化是手段而不是目的,资产化是为企业实现数字化转型和业务创新服务的。这很容易理解,毕竟企业领导并不会直接关注企业有多少元数据,有多少数据标准。计算数据的资产价值的目的是为企业领导做业务决策提供支撑。由数据创造的业务价值就是数据价值的载体和体现。

经过数据治理后,数据资产管理将形成对企业数据资产的体系化和制度化管理,图 5-2 示意性地展现了数据资产的管理流程。

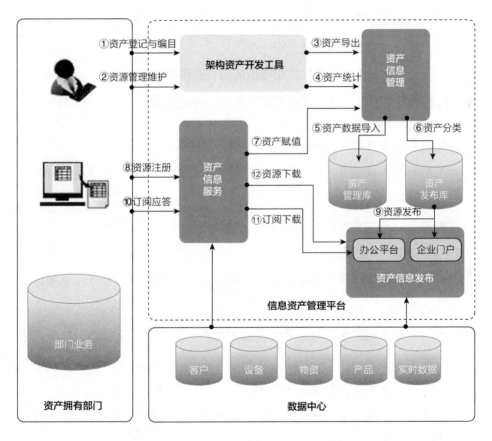

图 5-2　数据资产管理流程

既然数据的价值反映在业务上,那么对于业务的支撑就是资产化的核心目标。

例如，某机械车辆制造企业每年的产品售后服务成本为 5 000 万元，包括人工、备件、检修、应急服务等。然而客户制作的五级故障代码与产品本身的设计代码、物料代码（BOM）、备件代码不能做到一一对应，所以这 5000 万的成本归属就是一笔糊涂账了，数据不能表明究竟是客户使用的原因还是设计的原因。通过数据治理工程，对三大代码库实现了统一目录规范，以及故障点、零部件、物料代码（BOM）的一一对应，5 000 万元的成本分摊立刻就有了清晰而明确的归属。从产品设计、强制保养、备件备货等角度实现了业务提升，通过物联网技术对设备的使用状态实现实时监控，不仅成本下降了 20%，客户满意度也提升了 15%。

显然，这就是数据资产化的业务价值的直观体现。

由这个案例可以看出，数据的资产属性与特性包括：

- 数据是面对企业内部的，不是面对外部流通的。
- 数据本身应该有价值，但没有价格，因为很难找到一个可以衡量数据价格的"一般等价物"。
- 数据的成本载体应该是数据的各种成本的统计，如生产成本、使用成本、拥有成本等。
- 数据的价值载体在于业务价值，以及由业务洞察和业务创新带来的利润增长。
- 不应该用经济学上的流通观点来看待数据价值，而应该用使用效率与效果来衡量数据的价值。这就好比客户满意度这个数值，它并不是一个具体的业务价值的表达数据，但又实实在在地影响了销售工作，所以客户满意度的数据价值在于销售和服务的业务价值。这其中有一种转换逻辑。

对于运维业务而言，服务就是核心工作之一，所以数据资产化的业务价值其实就体现在数据对于服务的支撑，具体体现就是运维管理工作的数字化转型。

数字化是企业运维降本增效的原动力。比如企业的数据中心需要搬迁，那么是选择数据迁移还是选择新建数据中心做软切，这其实就是一个很具体的真实场景。两种方式哪一种成本最为划算？这个决策当然需要数据支撑。迁移虽然节约了硬件成本，但系统中断是按天来计算的，而新建数据中心的直接投资成本固然高，但系统做软切换的中断时间却是以小时来计算的，并且可以安排在业务活动最少的夜间进行，对业务前端几乎没有影响。于是对业务影响的评估数据就成为这个决策的主要依据之一。

运维管理的数字化转型体现在建立数字大脑、实现业务数据化与数据业务化以及提升企业敏捷创新能力三个方面。

（1）建立数字大脑。

统一运维数据管理平台将在企业中形成数据大脑，并成为整个运维管理的智慧决策中心。如果说数据平台是运维管理的"数字大脑"，那么 AI 能力和 AI 技术的广泛应用就是运维管理的"中枢神经"。从全面的整体环境的风险洞察到局部的状态感知，AI 都是战场尖兵，实现无缝隙、无死角的全覆盖管理。在从基础架构到应用开发都趋于灵活、趋于动态变化的 IT 环境中，对于运维管理的要求将是更为严峻的挑战。企业未来应对这种变化，从理论到实践的 AIOps 建设将是必由之路。

（2）实现业务数据化与数据业务化。

业务生产数据，数据反哺业务，前者强调业务数据的沉淀和收集，后者强调数据的应用，更加聚焦让数据产生价值。

什么是业务数据化？首先，业务数据化的前提是业务相关环节或流程实现以数据方式反映与表达，这是起码的也是最直接的表现。不过，如果只是数据表达，还没有完成数据化，数据化必须经由第二个阶段即数据运营，才能真正称为数据化。这里主要包括数据监测、分析、数据智能、数据创新等环节，即让业务本身变得可分析、可改进，除了数据可视化，更重要的是管理数据、运用数据解决实际问题。

数据业务化是业务数据化的自然延伸，也可以说是一种升华，即将收集的数据用于业务或产品本身，利用积累的数据开展新业务。这里主要包含两个途径，一是数据智能，二是数据创新。前者主要利用大数据技术提升产品体验，如态势感知、风险预判、资源优化等。数据业务化的另外一个含义是管理数据、应用数据成为一项业务工作。数据业务化改变了数据供应链的结构与方式，也是数据供给侧的创新。通过数据共享实现业务人员自助式分析是业界的共识，数据业务化是实现数据共享的直接成果。

业务数据化和数据业务化，其实是一个螺旋提升的过程，通过业务产生的数据实现对业务的状态感知，通过数据分析实现对业务的洞察和创新，再由数据应用产生新的业务模式或业务价值。

（3）敏捷创新。

Gartner 在最新的一篇报道中指出了企业开展数字化转型中的两大模式变革。具体而言，一个模式是指 IT 运营模式。IT 运营模式变革会涉及 IT 战略与治理、IT 组织架构设计、产品制与敏捷。另一个模式是指商业模式。在商业模式创新的大背景下，新零售、大数据分析与应用以及中台都是目前的热门话题和概念。同时，Gartner 强调了由于开展数字化转型，为企业带来的"敏捷"变化与提升。

如图 5-3 所示，Gartner 指出，由于敏捷的引入是整个数字化转型过程中的必需品，因此会触发企业运营模式的全面变革，进而找到商业模式创新的机会和可能性。毋庸置疑，数字化转型的终点（即最终考核目标）是商业模式是否产生了创新。这种创新不单指"从一家传统金融服务公司转变为一家数字科技公司"这种巨变，更多是指可以促进公司业绩增长的商业模式优化与改变。

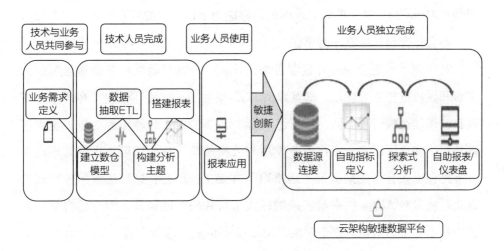

**图 5-3　企业业务数据分析的敏捷创新**

毫无疑问，数字化转型的企业会将敏捷作成为一种企业习惯。无论是应对市场变化的快速决策，还是内部的系统开发与交付，敏捷都将成为企业的竞争力。

所以，敏捷运维就是企业数字化转型的主要内容之一，因为敏捷的 IT 需要敏捷的运维保障。

敏捷的基础是灵活的身段，需要神经、骨骼、肌肉等统一协调，整体发力。企业实现敏捷创新也是需要组织全局资源统一发力的，这既包括人员、流程和资源的调整，也包括基于数据的快速决策。

不过业界普遍认为敏捷是对中小企业的而言，对于那些巨无霸的企业来说则是"大象难转身"。我们认为这其中有一个原因是关于"信任机制"的问题。这个话题太大，不是本书的主要方向，以后有机会另行讨论。

最后，我们做了更为长远大胆的设想。未来，随着 AIOps 技术的成熟，一定会出现以下新的运维商业模式。

① "运维险"的出现——保险公司根据客户在运维管理中出现的重大事件（如主机死机等）按时间的实际损失实现理赔。运维险的基础是要求能够通过 AI 技术对整体 IT 环境实现洞察，对于隐患、风险做到全面掌控，防患于

未然；AIOps 的成熟、准确、及时的洞察能力是运维险的核心基础，否则保险公司不会接受对运维管理的承保。

②IT 运维管理全业务外包服务商的出现——就是运维服务商通过可信云平台和区块链技术等应用，对客户的 IT 运维管理实现整体外包。客户不再需要自己组建运维管理团队，甚至连 IT 基础设施资源、计算资源等也可全部实现外包。客户可以完全专注业务发展与公司战略等核心问题。运维管理的全业务外包模式有可能是基于"运维险"才诞生。而且，这种运营服务模式的诞生，将是对 AIOps 技术与实践的极大丰富和根本性提升，因为那将是服务商的核心竞争力所在。那个时候，运维就不再是"运维"了，而应该是"运营"。

③机器人运维管理的出现——我们今天所看到的包括故障预判、故障诊断、容量预测、报警与处警等在内的 IT 运维的事件处理，甚至是基础设施管理等都将通过运维机器人完成。运维机器人的表现形式是多样的，可能是代码级的软件系统，也可能是物理地在机房中实际开展巡检工作的机器人。总之，所有基础运维的工作都将被机器人替代，人类仅需要对基础资源的战略问题进行决策。

# 第 6 章　智能工业运维探索

## Chapter Six

工业运维领域实在是太大了，完全可以独立成书，这里只是做一点点探索，与读者分享一些想法和体会，希望能带来一些启迪和帮助。

我们正在走向《中国制造 2025》所描绘的伟大进程中，工业 4.0、工业互联网、工业物联网、智能制造、两化融合、柔性生产与制造等概念的提出，都是在帮助和引领企业实现数字化转型和智慧转型。在以客户需求为导向的买方市场的激烈竞争中，企业需要以满足个性化需求为宗旨，从机器制造、设备与产品销售逐步实现具有高附加值、高利润的服务升级与转型。

工业运维的广泛领域。如图 6-1 所示。

制造
- 智能工厂
- 智能联网产品运维服务
- 绿色制造

电力
- 广域电网测量 WAMS
- 能源装备的远程运维
- 新能源分析与优化
- 停电预测和过载预警

航空
- 飞行安全监控
- 航空器维护
- 航路管理、能耗优化

轨道交通
- 列车运维
- 行车安全
- 环境安全

船舶
- 设备综合保障
- 降低船舶能耗
- 航海安全数据服务

石油
- 物探大数据管理和共享
- 油气生产物联网
- 管道完整性管理、能耗优化

图 6-1　工业运维的典型应用领域

然而，智能制造需要智能工业运维的保驾护航！

智能制造的成果需要通过工业运维得以落地并保障实施的效果，而工业运维的数据分析又可以为智能制造的转型与升级提供创新的方向。

我个人认为，无论企业处在数字化转型的进程中，还是正在为产品设备的技术更新迭代，工业运维都是必不可少的重要一环，原因如下。

①工业运维的概念与技术拓展并延伸了资产设备或产品的全生命周期管理，本身对技术迭代和企业转型以及智慧运营都具有直接价值。通过工业互联网实现了各项数据的实时获取，帮助管理人员对设备产品的运行状态做到实时洞察，再通过AI技术开展预测性维护，从而产生实际的业务价值，这是对传统仅通过设备台账与检修记录等结构化数据为主要基础实现设备全生命周期管理的极大补充与完善。

②工业运维能够为整体提升产品质量带来直接帮助。工业运维将理念和触角延伸到生产制造阶段，对于质量控制点的数据分析有助于帮助企业分析问题隐患，并通过售后服务的数据统计为改善产品设计提供思路、方向和依据。

③工业运维可以为企业带来业务创新，企业有可能从产品设备的制造商转型为服务提供商，从而在具有高附加值的服务领域通过数据分析支撑实现业务突破与创新。

由此可见，工业运维在制造业、能源行业、电子制造等行业都具有极大的发展空间。

国际上对工业运维领域已经有了足够的积累与创新。美国通用电气的Predix工业互联网平台和西门子的Mindsphere都是工业互联网的解决方案，波音公司飞机发动机后台的实时数据平台是另外一种大数据引擎，风力发电领域的维斯塔斯风力系统集团的远程运维管理体系是行业范例。著名的沃尔沃汽车从建厂第一天开始到今天超过60年的数据得以完整保存和积累，现在已经成为标准的安全带技术就是通过数据分析提出来的。美国著名的大数据公司 Splunk 就有服务韩国芯片制造商的成功案例。Splunk 系统从芯片生产流水线上直接抓取实施数据,对每一道芯片生产的制造工艺开展数据分析,为芯片质量提升和降低废品率带来了巨大帮助,也为客户节省了大笔原材料和经费。

所以,对数据管理的重视与对数据技术的成功运用是工业运维主要的基础和创新方向。

然而我国制造业对数据的重视程度还处于基础阶段。2017 年,全国智能制造发展联盟面向全国 30 家具有代表性的离散制造业企业开展数据管理能力成熟度调研,结果显示出差距比较明显,需要提升的空间还很大(见图 6-2)。非常明显的是 83% 的企业处于数据管理建设期的不同阶段,亟需解决所面临的不同的问题,其中 68% 的企业对于数据管理有想法但缺乏工具支撑,21% 的企业已经或正在制定未来三年的建设规划。

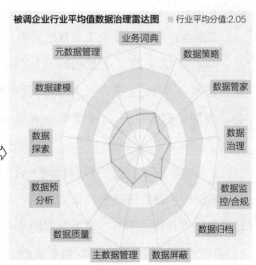

**图 6-2　离散制造业数据管理能力成熟度 30 家标杆企业调研**

调研结果反映出国内企业对于数据管理和数据应用价值的认识普遍不足,对数据管理在工业运维中的认识存在较大提升空间,绝大部分企业都处在起步阶段。这可能是由于工业场景十分复杂，对不同场景的壁垒和门槛又比较高，客户需求也相对刚性，定制化率较高，很难做到放之四海而皆准。

**抓住工业运维的需求本质是问题的关键。**

毋庸置疑，工业运维更关注工业对象。例如，硬件既包括控制层的PLC、SCADA、DCS、CNC、RTU、运动控制、机器人等，也包括底层的传感器（按钮、开关、RFID阅读器、条码扫描器、各种温度、压力、流量、液位变送器等）和执行器（继电器、电磁阀、电机、阀门、指示灯等），还有现场总线和工业以太网。嵌入式系统（例如智能仪表）、数控机床设备等也可以归于其中。在软件方面，除了按照工艺要求对PLC的编程、DCS组态、SCADA的图形页面绘制、CNC的加工曲线、机器人的动作之外，更重要的是它还包含了制造过程的技术秘籍、加工过程中的数据，以及企业员工的知识和经验。

**工业运维本身是基于工业互联网的。**

Gartner定义的工业互联网（Industry Internet of Things，IIoT，也称工业物联网）平台是指一组集成的软件能力，对于那些资产密集型的行业，能够提高对工厂、技术设施和设备的控制优化、运营可视化和决策辅助。

工业互联网平台与一般物联网平台的不同之处在于，工业互联网技术的重点和架构，都是围绕资产密集型的行业，而且往往在特定环境（通常是受监管）下使用。另外，工业互联网平台必须同时实现OT（运营技术）和IT（信息技术）应用的融合，它的集成性、可扩展性和影响需要同时兼顾IT和OT系统。

图6-3是工业互联网的五层架构模型：依次从底层的设备、网关、边缘计算，再到工业互联网平台，最后到企业应用集成。

图 6-3　工业互联网的五层架构

Gartner 认为，工业互联网平台的架构必须能够在单一打包方案中支持六项部署，包括 IoT 边缘设备管理、集成工具、IoT 数据管理、分析、安全和应用程序使能管理。工业互联网本身就强调了 IT（信息技术）与 OT（运营技术）的结合。

相对于 IT 运维，工业运维具有明显的差异化特点和需求：

① 工业运维的对象是在厂房、车间、流水线，甚至是在施工工地或是极寒或高温的工业环境中，这与放在严格装修过的机房中的 IT 设备的环境完全不同。

② 工业运维的数据特点明显带有时空数据属性，必须要在具体的实际环境中获取，数据分析后的应用效果也需要在真实的环境中予以检验。

③ 相对于 IT 运维的局限于企业内部而言，工业运维的理念与范畴都是趋向于无边界化的。工业运维弱化了企业的业务边界，从产品的设计到生产制造再到售后服务，除厂内厂外的技术运用不同外，工业运维是全面覆盖的，这其中的数据也是需要融会贯通的。

此外，工业运维除保障整体系统稳定运行外，还有一个非常重要的差异化特点，就是工业运维强调业务价值。

离开业务价值谈工业运维是不切实际的。可衡量的业务价值既是工业运维的基础条件，也是开展投入产出的评估依据。

工业运维的业务价值具有三大特性。

**广泛性**：由于工业业态的广泛，所以业务价值的具体实现场景极为广泛。

**复杂性**：实现业务价值必须达到业务要求，才能形成业务优化甚至是创新的能力。

**专业性**：每一个工业领域的专业性对于服务商来说都是一项严峻的挑战，需要对业务理解，制定可执行的、清晰的业务目标。

如图6-4所示，以设备运维为例，对工业企业而言，高效的运维管理，意味着更少的设备故障发生［平均故障间隔时间MTBF（Mean Time Between Failure）越长越好，这样设备寿命越长，生产系统就越稳定］；而更高效的停机故障处理［平均故障修复时间MTTR（Mean Time To Restoration）越短越好，这样设备故障处理时间越短，则意味着对产量、质量以及待工成本控制得就越好］。

$$可用度（A）= \frac{MTBF}{MTBF+MTTR} \times 100\%$$

**图6-4 工业运维可用度计算公式**

MTBF和MTTR两个值结合起来，称为可用度，即制造系统可以正常使用的程度，它反映了制造业设备的稳定性和可靠性，是运维的核心指标，也是业务价值所在。由图6-5对运维业绩指标的分析评估可知，实现高效运维意味着更低的运维成本，重视维修质量、提高主动的预测性维修比例，是降低运维成本的必要手段。同时，运维还应重视对备品和备件库存的控制，传统运维缺乏主动性和计划性，为了规避紧急停机故障带来的损失和不确定性，绝大部分的制造业都会有大量的呆滞库存，从而影响了企业现金流。

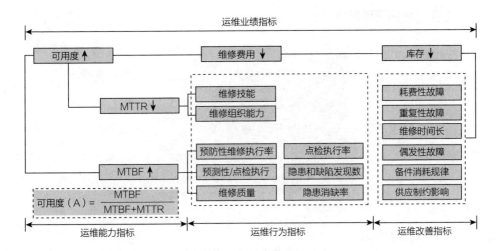

图6-5 工业运维业绩指标

智能化的工业运维强调通过目标和结果导向，利用数据多维度分析，加速运维知识的积累和交互，包括：

- 运维业绩 KPI 的价值体现。智能运维在传统相关指标（比如可用度、维修费用和库存等）的基础上有可能衍生出智能指标（比如设备预测故障点、故障时间、维修效率评估等），并体现运维对企业持续盈利的价值与生产保障能力，因此是企业推行智能运维的核心业绩指标。

- 自主维护如何有效执行。衡量不同产线的可用度、MTTR、MTBF 等指标，这将有效评价不同班组和部门的自主维护水平，这对于一些推进 TPM、强调设备健康管理的智能生产线尤为重要。

- 专业维护能力如何提升。MTTR 反映了维修组织能力和维修技能，MTBF 反映的则是预防性维修与预测性维修的执行能力，智能运维系统所反映的指标，有利于强化维修作业管理和技能提升。

- 运维业务如何持续改善。确保企业有限的资源（人力、物力和财力）真正落实到整体运维业绩能力提升上来。

工业运维的三维维度如图6-6所示。

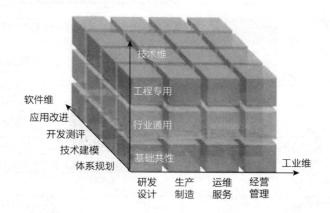

图6-6 工业运维的三维维度

在由中国工业互联网研究院发布的"全球工业互联网十大最具成长性技术展望（2019—2020）"中，"自主诊断技术"被列为第七项，如图6-7所示，以徐工集团的自主诊断技术为例，自主诊断是一种基于模型基础、数据驱动等预测算法，通过运动、温度、压力等物理传感器获取参数信息，分析评估设备运行健康情况的技术。该技术在工业互联网的设备运维场景中具有重要应用价值，可通过对设备运行参数的算法分析，自动化感知设备疲惫、磨损、腐蚀等运行状态，智能化提供调控、预警、停机等运维决策，实现延长使用寿命、提高运维效率、降低事故风险。

笔者也曾经尝试过类似的课题研究。2014年，笔者在某省电力公司开展过专项技术探讨。当时由于该省地域辽阔，电网巡检一次要三个月，所以就在变电站通过加装传感器来实现运程状态监控。然而该省所处地区年度最大温差近80摄氏度，短短两三年就出现了传感器失真现象，产生了大量的噪声数据，反倒增加了工作量。这个问题很是棘手，更换传感器不现实，因为一来传感器失真是世界性难题，普遍存在；二来耗资巨大。于是客户希望通过数据分析实现对传感器数据衰减失真规律的探查，通过数学算法对噪声数据实现修补或修正。

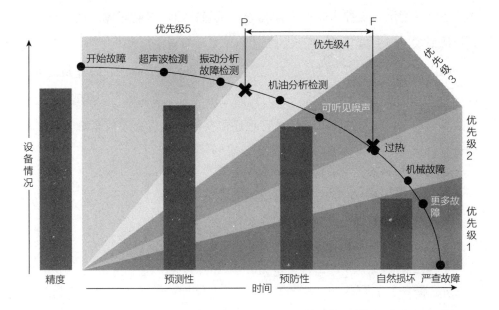

图6-7 徐工集团设备自主诊断

(图片来自中国工业互联网研究院。)

这就是一个实实在在的工业运维范畴的案例。

这个课题实际上没有成功,主要原因除了时间过紧赶不上项目进度外,变电设备和继电保护设备中的油压、液压、温度等实时数据非常混乱,传感器生产厂家不一,型号不一致,数据传输格式、类型、表达方式自然也就无法统一。这对数据分析带来了很大的障碍和困难。而缺乏在实际环境中对各种时空数据的收集和通过数字孪生技术对变电设备实现准确状态的数据画像,则是项目失败的另一个重要原因。

国内很多IT运维服务公司也都希望能够在工业运维领域施展拳脚,然而工业运维并不能完全将IT运维管理的经验与知识加以简单套用。我们浏览了百度上的几家从事工业运维的服务厂商的官网介绍,基本上都是通过建立云平台实现远程运维,或是专注在通过物联网技术获得工业实时数据,然后就某业务场景开展人工智能或机器学习技术来实现某种预判或预测。这与IT运维中一般都会先就某运维场景直接开展数据分析如出一辙,我们认为这样的工业运维并不足以支撑未来的发展需求。试想，如果工业环境出现变化，或是规格要求出现大幅升级，原来的算法岂不是要重新来过？

所以，工业运维绝不仅仅是 IT 运维技术与方法在工业领域的复制，也不仅仅是 AIOps 理论在工业运维领域的延伸与拓展，工业运维可以借鉴 IT 运维的技术与理念，此外做好工业运维管理还需要依赖实现物理信息融合技术的四大制胜法宝：

- 数字孪生技术。
- 时空数据技术。
- 工业运维数据模型。
- 基于物联网的工业运维数据平台。

工业运维技术维度如图 6-8 所示。

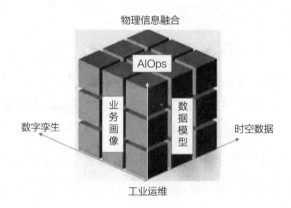

图 6-8　工业运维技术维度

## 6.1　数字孪生技术

数字孪生技术（Digital Twin）被认为是工业运维领域在数据采集前端的必要基础。

首先说明，数字孪生不是 3D 仿真，但与 3D 仿真具有天然的相互协作的关系。数据孪生的另外一个表达是数字镜像。所以说数据孪生与 3D 仿真最大的区别在于不是模仿，而是真实的反映。

以飞行器为例，可以包含机身、推进系统、能量存储系统、生命保障系统、航电系统以及热保护系统等。它将物理世界的参数重新反馈到数字世界，从而可以完成仿真验证和动态调整。数字孪生，有时候也用来指代将一个工厂的厂房及生产线，在建造之前就完成数字化模型。从而在虚拟的空间中对工厂进行仿真和模拟，并将真实参数传给实际的工厂建设。而厂房和生产线建成之后，在日常的运维中二者将继续进行信息交互。值得注意的是：数字孪生不是构型管理的工具，也不是制成品的 3D 尺寸模型，更不是制成品的基于模型的定义（Model Based Definition，MBD）。

数字孪生模型如图 6-9 所示。

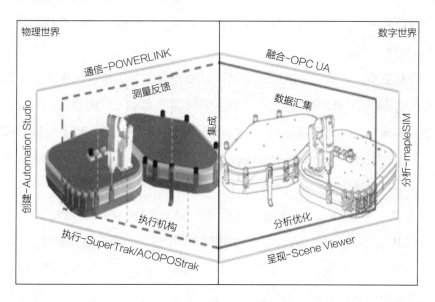

**图 6-9　数字孪生模型**

数字孪生是工业运维的前端触角，数据孪生充分利用物理模型、传感器更新、运行历史等数据，集成多学科、多物理量、多尺度、多概率的仿真过程，在虚拟空间中完成映射，从而反映出相对应的实体装备的全生命周期过程。

数字孪生是一种超越现实的概念，可以被视为一个或多个重要的、彼此依赖的装备系统的数字映射系统。从理论上看，数字孪生是现实世界中物理实体的配对虚拟体（映射）。这个物理实体（或资产）可以是一个设备或产品、生产线、流程、物理系统，也可以是一个组织。数字孪生概念的落地是通过三维图形软件构建的"软体"去映射现实中的物体来实现的。这种映射通常是一个多维动态的数字映射，它依赖安装在物体上的传感器或模拟数据来洞察和呈现物体的实时状态，同时也将承载指令的数据回馈到物体，导致状态变化。因而数字孪生是现实世界和数字虚拟世界沟通的桥梁。

数字孪生的许多关键技术都已经被开发了出来，比如多物理尺度和多物理量建模、结构化的健康管理、高性能计算等，实现数字孪生需要集成和融合这些跨领域、跨专业的多项技术在航空航天、油气探测、智能物流等诸多领域的已有应用。

在航空航天领域，美国国防部最早提出将数字孪生技术用于航空航天飞行器的健康维护与保障。首先，在数字空间建立真实飞机的模型，然后通过传感器实现与飞机真实状态的完全同步。这样每次飞行后，根据结构的现有情况和过往载荷，及时分析评估是否需要维修，能否承受下次的任务载荷等。

在油气探测领域，我国高新技术企业基于公司拥有自主知识产权的三大核心技术（WEFOX 三维叠前成像技术、GEOSTAR 储层预测技术、AVO-MAVORICK 三维油气预测技术），运用数字孪生理念，在石油天然气、地热能勘探开发、城市勘查、涵盖地下三维地震数据采集、成像处理解释、综合地球物理地质研究、区块资源评价、钻完井服务、水平井压裂设计及施工，以及其地下三维空间大数据人工智能平台等相关软件的开发等方面取得重大进展。公司将自身核心技术和人工智能相结合，构建地下三维空间大数据平台，不仅能精准地评估地下油气资源、地热能资源及其储量经济性，还通过多学科一体化（数据采集成像一体化、地震地质一体化、地质工程一体化）等创新融合技术，高效科学管理，大大提高了地下三维勘探精度。

业界对数字孪生的极端需求，也驱动着新材料的开发，而所有可能会影响到装备工作状态的异常，也将被明确地进行考察、评估和监控。数字孪生正是从内嵌的综合健康管理系统集成了传感器数据、历史维护数据，以及通过挖掘而产生的相关派生数据。通过对以上数据的整合，数字孪生可以持续地预测装备或系统的健康状况、剩余使用寿命以及任务执行成功的概率，也可以预见关键安全事件的系统响应。通过与实体的系统响应进行对比，揭示装备研制中存在的未知问题。数字孪生可能通过激活自愈的机制或者建议更改任务参数来减轻损害或进行系统的降级，从而提高寿命和任务执行成功的概率。

数字孪生与数字链（Digital Thread，也有翻译为"数字主线"）是两个天然相互关联，同时又有所区别的概念。

数字孪生是一个物理产品的数字化表达，以便于我们能够在这个数字化产品上看到实际物理产品可能发生的情况，与此相关的技术包括增强现实和虚拟现实。数字链则是在设计与生产的过程中，仿真分析模型的参数，并将其传递到产品定义的全三维几何模型，再传递到数字化生产线加工成真实的物理产品，然后通过在线的数字化检测/测量系统反映到产品的定义模型中，进而反馈到仿真分析模型中。依靠数字链，所有数据模型都能够实现双向沟通，因此真实物理产品的状态和参数将通过与智能生产系统集成的物理系统向数字化模型反馈，确保生命周期各个环节的数字化模型保持一致，从而实现动态、实时评估系统的当前及未来的功能和性能。而装备在运行的过程中，又可以对不断增加的传感器和机器的连接所收集的数据进行解释利用，从而将后期产品的生产制造和运营维护的需求融入早期产品的设计过程中，形成设计改进的智能闭环。然而，并不是建立了全机有限元模型，就有了数字孪生，那只是问题的一个角度；必须在生产中把所有真实制造尺寸反馈回模型，再通过故障预测与健康管理（Prognostic and Health Management，PHM）实时搜集飞机的实际受力情况，反馈回模型，才有可能成为数字孪生。数字孪生描述的是通过数字链连接的各具体环节的模型。可以说数字链是把各环节集成，再配合智能的制造系统、数字化测量检验系统以及物理融合系统的结果。

数字孪生与数字生产线的关系如图6-10所示。

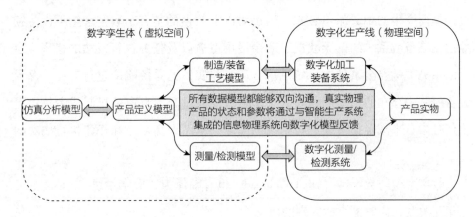

**图6-10　数字孪生与数字生产线**

通过数字链集成了生命周期全过程的模型，这些模型与实际的智能制造系统和数字化测量检测系统进一步与嵌入式的物理融合系统进行无缝的集成和同步，从而使我们能够在这个数字化产品上看到实际物理产品可能会发生的情况。

简单说，数字链贯穿了整个产品生命周期，尤其是产品设计、生产、运维的无缝集成；而数字孪生更像是智能产品的概念，它强调的是从产品运维到产品设计的回馈。

数字孪生是物理产品的数字化影子，通过与外界传感器的集成，反映对象从微观到宏观的所有特性，展示产品生命周期的演进过程。当然，不止产品，生产产品的系统（生产设备、生产线）和使用维护中的系统也要按需建立数字孪生。

数字孪生最为重要的启发意义在于，它实现了现实物理系统向空间数字化模型的反馈。这是一次工业领域中逆向思维的壮举。人们试图将物理世界发生的一切放回到数字空间中。只有带有回路反馈的全生命跟踪,才是真正的全生命周期概念。这样,就可以真正在全生命周期范围内,保证数字与物理世界的协调一致。各种基于数字化模型进行的各类仿真、分析、数据积累、挖掘,甚至人工智能的应用,都能确保它与现实物理系统的适用性。这就是数字孪生对于智能制造的意义所在。智能系统的智能首先要感知、建模,然后才是分析推理。如果没有数字孪生对现实生产体系的准确模型化描述,所谓的智能制造系统就是无源之水,无法落实。

也有人从技术角度解读数字孪生,将其称为"软件定义设备"。工业软件的应用贯穿企业的整个价值链,从研发、工艺、制造、采购、营销、物流供应链到服务,打通数字链(Digital Thread);从车间层的生产控制到企业运营,再到决策,建立产品、设备、产线到工厂的数字孪生模型;从企业内部到外部,实现与客户、供应商和合作伙伴的互联和供应链协同。企业所有的经营活动都离不开工业软件的全面应用。因此,工业软件正在重塑制造业,成为制造业的数字神经系统。

图 6-11 是 GE 的软件定义机器。

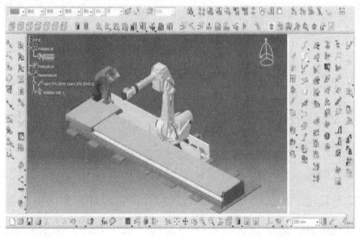

图 6-11　GE 软件定义机器

数字孪生的另外一个巨大的价值就是直接为边缘计算提供数据支撑（见图6-12）。

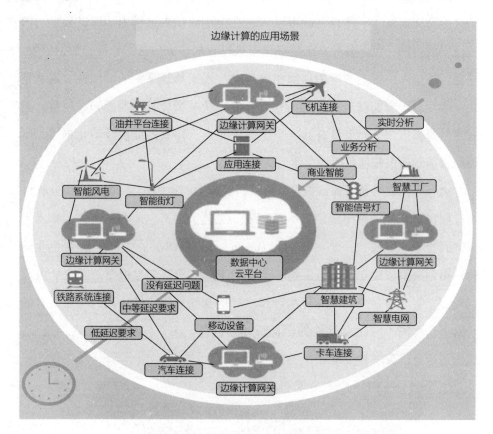

图6-12 基于云平台的边缘计算应用

边缘计算是指在靠近物或数据源头的一侧，采用网络、计算、存储、应用核心能力为一体的开放平台，就近提供最近端服务。其应用程序在边缘侧发起，拥有更快的网络服务响应，满足行业在实时业务、应用智能、安全与隐私保护等方面的基本需求。边缘计算处于物理实体和工业连接之间，或处于物理实体的顶端。而云端计算，仍然可以访问边缘计算的历史数据。

对物联网而言，边缘计算技术取得突破，意味着许多控制将通过本地设备实现而不必再交由云端，处理过程将在本地边缘计算层完成。这无疑将大大提升处理效率，减轻云端的负荷。由于更加靠近用户，还可为用户提供更快的响应，从而将需求在边缘端解决。

在中国，边缘计算产业联盟（Edge Computing Consortium，ECC）从产业价值链整合的角度出发，提出了 CROSS，即在敏捷连接（Connection）的基础上，实现实时业务（Real-time）、数据优化（Data Optimization）、应用智能（Smart）、安全与隐私保护（Security），为用户在网络边缘侧带来价值和机会，也就是联盟成员要关注的重点。ECC 正在努力推动三种技术的融合，也就是 OICT，即运营（Operational）、信息（Information）和通信技术（Communication Technology）的融合。而其计算对象，则主要定义了四个领域。

第一个是设备域。目前出现的纯粹的 IoT 设备，跟自动化的 I/O 采集相比较而言，有不同但也有重叠部分。那些可以直接用于顶层优化，而不必参与控制本身的数据，是可以直接放在边缘侧完成处理的。

第二个是网络域。在传输层面，直接的末端 IoT 数据与来自自动化产线的数据，在传输方式、机制、协议方面都会有不同，因此，这里要解决传输的数据标准问题。当然，在 OPC UA 架构下可以直接访问底层的自动化数据，但是，对于 Web 数据的交互而言，这里会存在 IT 与 OT 之间的协调问题，尽管有一些领先的自动化企业已经提供了针对 Web 方式的数据传输机制，但是大部分的现场数据仍然存在这些问题。

第三个是数据域，既包括数据传输后的数据存储、数据格式等问题，也包括数据的查询与数据交互的机制和策略问题。

第四个是应用域。这可能是最难以解决的问题，针对这一领域的应用模型尚未有较多的实际应用。

如图 6-13 所示，边缘计算联盟关于边缘计算的参考架构的定义包含了设备域、网络域、数据域与应用域，平台提供者提供的主要是网络互联（包括总线）、计算能力、数据存储与应用方面的软硬件基础设施。

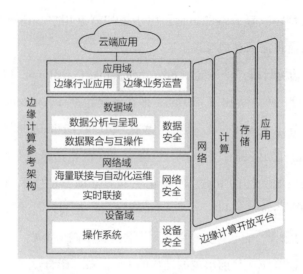

图 6-13　边缘计算参考架构

边缘计算体现出 IT 与 OT 在技术上的相互渗透，自动化厂商都已经开始延伸其产品中的 IT 能力，既包括像博世、西门子、GE 这样的大厂商提供的信息化、数字化软件平台，也包括像贝加莱、罗克韦尔等提供的基础 IoT 集成、Web 技术融合方面的产品与技术。事实上，IT 界也开始在其产品中集成带有总线接口和人机接口的产品，以及工业现场传输设备网关、交换机等产品。2016 年 4 月 5 日施耐德声称已经可以为边缘计算定义物理基础设施——尽管，主打的还是其"微数据中心"的概念。而其他自动化厂商提及计算，都表现出与 IT 融合的一种趋势，并且同时具有边缘与泛在的概念在其中。

## 6.2　时空数据技术

伴随着人们探索空间的过程，各种信息的获取范围也从局部地面、全球地表、地球各个圈层扩展到地球内外的整个空间，从原有二维平面空间基准逐步演变到三维空间基准，进而演变到反映地理空间对象时空分布的四维空间基准。时空数据是指具有时间元素并随时间变化而变化的空间数据,是描述地球环境中地物要素信息的一种表达方式。这些时空数据涉及各式各样的数据,如地球环境中地物要素的数量、形状、纹理、空间分布特征、内在联系及规律等的数字、文本、图形和图像等,不仅具有明显的空间分布特征,而且具有数据量庞大、非线性以及时变等特征。

如图 6-14 所示,以下是陶建辉先生总结的时空数据的 12 大特征。

```
1  数据是时序的,一定带有时间戳        7  数据是有保留期限的
2  数据都是结构化的                    8  数据的查询分析往往是基于时间段和某一组设备的
3  数据极少有更新操作                  9  除存储查询外,往往需要实时分析计算操作
4  数据源是唯一的                      10 流量平稳、可预测
5  相对互联网应用,写多读少            11 数据处理的特殊性
6  用户关注的是一段时间的趋势          12 数据量巨大,一天的数据量就超过100亿条
```

**图 6-14 时空数据的 12 大特征**

(图片摘自陶建辉的自媒体"数据工匠俱乐部"。)

时空数据因其所在空间的空间实体和空间现象在时间、空间和属性三个方面的固有特征,呈现出多维、语义、时空动态关联的复杂性,因此,需要研究时空大数据多维关联描述的形式化表达、关联关系动态建模与多尺度关联分析方法,时空大数据协同计算与重构能够提供快速、准确的面向任务的关联约束。具体特点包括:

1)时空数据包含对象、过程、事件在空间、时间、语义等方面的关联关系。

2)时空数据具有时变、空变、动态、多维演化等特点,而这些基于对象、过程、事件的时空变化是可度量的,其变化过程可作为事件来描述,通过对象、过程与事件的关联映射,就可以建立时空大数据的动态关联模型。

3)时空数据具有尺度特性,可建立时空大数据时空演化关联关系的尺度选择机制;针对不同尺度的时空大数据的时空演化特点,可实现对象、过程、

事件关联关系的尺度转换与重建，进而实现时空大数据的多尺度关联分析。

4）时空数据变化具有多类型、多尺度、多维、动态关联等特点，对关联约束可进行面向任务的分类分级，建立面向任务的关联约束选择、重构与更新机制，根据关联约束之间的相关性，可建立面向任务的关联约束启发式生成方法。

5）时空数据具有时间和空间维度上的特点，能够实时地抽取阶段行为特征，以及参考时空关联约束建立态势模型，实时地觉察、理解和预测导致某特定阶段行为发生的态势。可针对时空大数据事件理解与预测问题，研究空间大数据事件行为的本体建模和规则库构建，为异常事件的模式挖掘和主动预警提供知识保障，可针对相似的行为特征、时空约束和事件级别来挖掘事件模式，并构建大尺度事件及其应对方案的规则库。

时空数据的维度如图 6-15 所示。

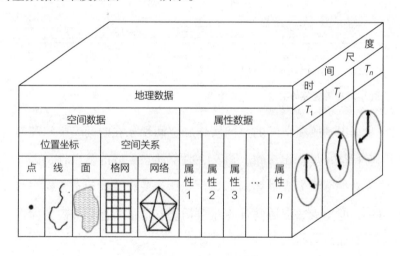

图 6-15　时空数据的维度

空间、属性、时间是地理现象的三个基本特征，也是地理信息系统（Geographic Information System，GIS）数据库的三种基本数据成分。其中，"空间"指空间位置数据及其派生数据；"属性"指与空间位置无派生关系的专题属性数据；"时间"则指时间、空间和属性状态的时变信息。

随着近年来以空间数据库为基础的 GIS 研究和应用的不断深入，随时间而变化的信息越来越受到人们的关注，因而提出了时态 GIS（简称 TGIS）的概念。时态 GIS 的组织核心是时空数据库，时空数据模型则是时空数据库的基础。时空数据模型是一种有效组织和管理时态地理数据，属性、空间和时间语义更完整的地理数据模型。但是由于空间、属性、时间三者之间的关系和结构组织非常复杂，理想的时空数据库和时态 GIS 系统目前还没有出现。目前比较有影响力的时空数据模型有以下几种。

① 时空复合模型：将每一次独立的叠加操作转换为一次性的合成叠加，变化的累积形成最小变化单元，由这些最小变化单元构成的图形文件和记录变化历史的属性文件联系在一起表达数据的时空特征。最小变化单元就是一定时空范围内的最大同质单元。其缺点在于多边形碎化和对关系数据库的过分依赖，随着变化的频繁会形成很多的碎片。

② 连续快照模型：连续快照模型在数据库中仅记录当前数据状态，数据更新后，旧数据变化值不再保留，即"忘记"过去的状态。连续的时间快照模型是将一系列的时间片段快照保存起来，以反映整个空间特征的状态。由于快照将对未发生变化的所有特征重复进行存储，会产生大量的数据冗余，所以当事件变化频繁，且数据量较大时，系统效率就会急剧下降。

③ 基态修正模型：为避免连续快照模型将未发生变化部分的特征重复记录，基态修正模型只存储某个时间点的数据状态（基态）和相对于基态的变化量。只有在事件发生或对象发生变化时才将变化的数据存入系统中，时态分辨率刻度值与事件或对象发生变化的时刻完全对应。基态修正模型对每个对象只存储一次，每变化一次，仅有很少量的数据需要记录。基态修正模型也称为更新模型，有矢量更新模型和栅格更新模型之分。其缺点是较难处理给定时刻时空对象间的空间关系，且对很远的过去状态进行检索时，几乎会对整个历史状况进行阅读操作，所以效率很低。

④ 时空立方体模型：时空立方体模型用几何立体图形来表示二维图形沿时间维发展变化的过程，表达了现实世界平面位置随时间的演变，将时间标

记在空间坐标点上。给定一个时间位置值，就可以从三维立方体中获得相应截面的状态，也可扩展表达三维空间沿时间变化的过程。缺点是随着数据量的增大，对立方体的操作会变得越来越复杂，以至于最终会变得无法处理。

⑤ 时空对象模型：时空对象模型认为世界是由时空原子（Spatio-temporal atom）所组成的，时空原子为时间属性和空间属性均质的实体。在该模型中，时间维是与空间维垂直的，它可表示实体在空间和属性上的变化，但未涉及对渐变实体的表示。缺点是随着时间而发生的空间渐进变化无法在时空对象模型中表示，没有一个描绘变迁、过程的概念。

⑥ 面向对象的时空数据模型：面向对象方法是在节点、弧段、多边形等几何要素的表达上增加时间信息，考虑空间拓扑结构和时态拓扑结构。一个地理实体，无论多么复杂，总可以作为一个对象来建模。缺点是，没有考虑地理现象的时空特性和内在联系，缺少对地理实体或现象的显式定义和基础关系描述。

除了以上几种之外，常见的时空数据模型还有第一范式关系时空数据模型、非第一范式关系时空数据模型、基于事件的时空数据模型、历史图模型，等等。

总之，时空数据中必须具有三大核心要素数据——时间、空间和事件。时空数据中的事件关系和空间关系通常比较复杂，尤其很多可度量的和不可度量的事件关系以及空间关系都隐含在时空数据中，这就需要在数据挖掘系统中加入时空推理以考虑这些复杂的时空关系。时空推理和数据挖掘的深度结合，一方面可以发掘更多的时空模式及信息，增强时空模式的可理解性；另一方面可以显著提高挖掘的效率和质量。但有利亦有弊：挖掘数据中隐含的时空关系必然会引入某种程度的不确定性和模糊性，这将很大程度上影响数据挖掘的结果。因此，结合时空推理和数据挖掘需要适当地对模型表达能力和时空推理能力进行折中。

（以上内容摘自"百度百科—时空数据模型"。）

时空数据是天然的海量数据。以智能电表为例，一台智能电表每隔 15 分钟采集一次数据，每天自动生成 96 条记录，全国有接近 5 亿台智能电表，每天光智能电表就会生成近 500 亿条记录。一台联网的汽车每隔 10 到 15 秒钟就会采集一次数据发送到云端，一台车一天就很容易产生1 000条记录。如果中国有2亿辆车全部联网，每天将会产生2 000亿条记录。五年之内，物联网设备产生的数据就将占世界数据总量的90%以上。

在大数据时代，随着数据收集效率的不断提高和时空数据挖掘的快速发展，很多不同来源的商业数据都包含有时间和空间信息，比如设备、建筑、机构等的管理，能量的产生、分布及预测等。如何结合时空数据和其他商业数据，并通过对时间和空间属性的观测分析获得决定性的认知从而优化决策，就显得至关重要。

## 6.3 工业运维数据模型

与相对同质化的IT运维数据模型相比，工业运维数据模型是具有行业特点的，而且与企业业态密切相关。

针对工业运维的数据模型管理需要研究以下内容：

（1）数据空间中采用的数据模型。

需要合理地定义物联网数据空间的要素，研究出更为灵活的模型来表达数据空间数据及其关联关系的方法，研究由数据获取模式的方法和模式演化的维护等。

（2）不同粒度主体对数据的提取。

需要针对物联网数据空间的三个不同的数据融合层次，研究融合感知数据提取实体数据、融合实体数据提取决策数据，以及三个层次间的相互融合关系。

（3）数据的存储方式。

由于物联网数据空间中数据模式频繁变化，主体对应的数据多样，因此需要研究合理的存储策略及其在云计算平台的分布策略。

（4）数据的索引策略。

数据空间是介于模式固定的数据管理方式和松散的搜索引擎间的一种更为灵活的数据管理方式，其索引不仅要充分利用结构特征也要利用内容特征，比如关键字等。需要全面研究物联网数据的结构索引策略、内容索引策略、以及结构和内容相结合的索引策略。

一般认为工业运维数据模型应该具备两种形态，一是通过物理信息融合技术实现设备在某具体实际环境中的数据画像，从数据角度全面解读设备真实状态；二是支持以数据分析和应用的数据模型，包括数据主题域建设、运维业务的概念模型、逻辑模型和物理模型等。

## 6.4 基于物联网的工业运维数据平台

工业运维数据平台就是基于工业互联网的数据支撑体系。Gartner 认为工业互联网的主要功能包括：

- 监控物联网终端和时间流。
- 指出和转换各种制造行业主流协议。
- 分析边缘端和云端的数据。
- 实现 IT 和 OT 系统的集成，实现数据共享和应用。
- 支持工业 APP 应用程序的开发和部署。
- 丰富和补充 OT 功能，从而改善资产管理生命周期的策略和流程。

Gartner 还指出，工业物联网平台必须具备分析、IoT 边缘设备管理、集成管控工具、IoT 数据管理、应用使能与管理、安全这六项核心功能，并且不仅能够实现在公有云上部署，也支持在企业的私有云上部署。

工业运维数据平台通过工业互联网数据的承载和运营，实现了工业业务与数据直接的交接与传递，既是数据对工业业务反映的载体，也是企业开展工业分析的核心基础。

工业运维数据平台的逻辑架构如图 6-16 所示。

# 第6章 智能工业运维探索
## Chapter Six

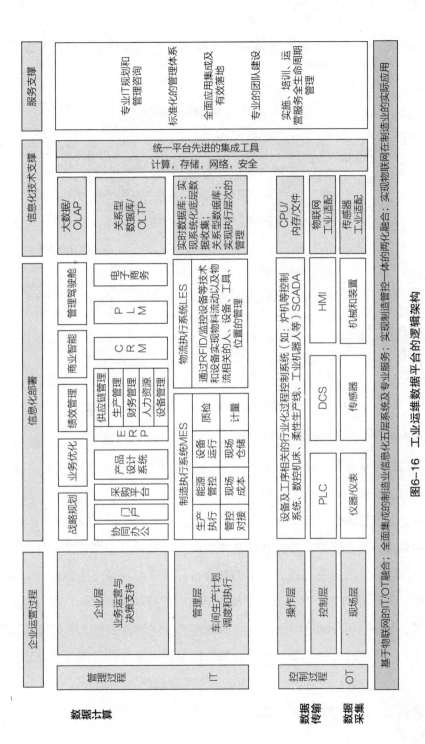

图6-16 工业运维数据平台的逻辑架构

如图 6-17 所示，正是物联网技术的成熟才支撑起了工业数据和工业运维。

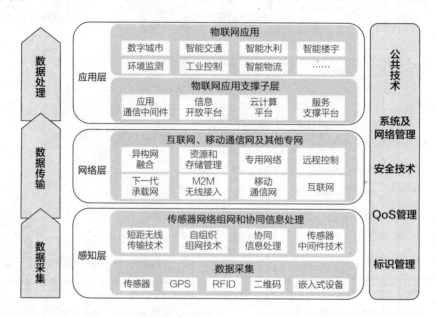

图 6-17 物联网技术的成熟支撑工业数据和工业运维

物联网（IoT）是通过射频标签（RFID）、红外感应器、全球定位系统、激光扫描器等信息传感设备，按约定的协议，把任何物品与互联网连接起来，进行信息交换和通信，以实现智能化识别、定位、跟踪、监控和管理的一种网络。它是继计算机、互联网与移动通信网之后兴起的又一次信息产业浪潮。物联网通过标识、感知、处理和信息传送四个关键环节，将整个世界无缝地连接在一起，智能地进行感知、推理和分析。物联网具备三个特征：一是全面感知，即利用 RFID、传感器、二维码等随时随地获取物体的信息；二是可靠传递，即通过各种电信网络与互联网的融合，将物体的信息实时准确地传递出去；三是智能处理，即利用云计算、模糊识别等各种智能计算技术，对海量数据和信息进行分析与处理，对物体实施智能化的控制。

物联网（Iot）的逻辑架构如图 6-18 所示。

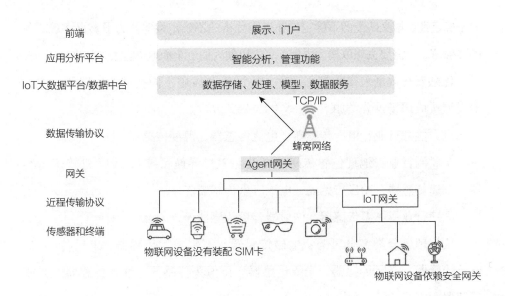

图 6-18　物联网（IoT）的逻辑架构

物联网中数据的特点主要表现在以下几个方面：

① 异构性：在物联网中，不仅不同的对象会有不同类型的表征数据，即使是同一个对象也会有各种不同格式的表征数据。比如在物联网中为了实现对一栋写字楼的智能感知，需要处理各种不同类型的数据，如探测器传来的各种高维观测数据，专业管理机构提供的关系数据库中的关系记录，互联网上提供的相关超文本链接标记语言（HTML）、可扩展标记语言（XML）、文本数据等。为了获得完整而准确的感知，必须综合利用这些不同类型的数据来全面地获得信息，这也是提供有效的信息服务的基础。

② 海量性：物联网是一个网络的海洋，更是一个数据的海洋。在物联网中，世界中的各个对象都连接在一起，每个对象都可能在变化，因此表达其特征的数据也在不断地积累。如何有效地改进已有的技术和方法或提出新的技术和方法，来高效地管理和处理这些海量数据，将是从数据中提取信息并进一步融合、推理和决策的关键。

③ 不确定性：物联网中的数据具有明显的不确定性特征，主要包括数据本身

的不确定性、语义匹配的不确定性和查询分析的不确定性等。为了获得客观对象的准确信息，需要去粗取精、去伪存真，以便人们更全面地进行表达和推理。

传感器是数据采集的核心部件，不同行业应用不同类型的传感器，传感器类型按应用场景分类如下。

电力能源行业：电压传感器，电流传感器，温度传感器。

车联网行业：地理位置传感器（北斗卫星导航系统），发动机转速传感器，车速传感器，胎压传感器，电池容量传感器。

医疗行业：体温传感器，注射器容量传感器

按物理量分类又分可为：电磁传感器、霍尔类型传感器、电压传感器、电流传感器、温度传感器、光线传感器、摄像头传感器、红外传感器、转速传感器，等等。

数据的传输方式和各种工业协议如表6-1所示。

表6-1 数据的传播方式与工业协议

| | NB-IoT | LoRa | Zigbee | WiFi | 蓝牙 |
|---|---|---|---|---|---|
| 组网方式 | 基于现有蜂窝组网 | 基于 LoRa 网关 | 基于 Zigbee 网关 | 基于无线路由器 | 基于蓝牙 Mesh 的网关 |
| 网络部署方式 | 节点 | 节点+网关（网关部署位置要求较高，需要考虑因素多） | 节点+网关 | 节点+路由器 | 节点 |
| 传输距离 | 远距离（可达十几 km，一般情况下 10km 以上） | 远距离（可达十几 km，城市1~2km，郊区可达20km） | 短距离（10~100m 级别） | 短距离（50m） | 10m |
| 单网接入节点容量 | 约20万 | 约6万，实际与网关信道数量、节点发包频率、数据包大小等有关，一般为500~5000个不等 | 理论上为6万多个，一般情况200~500个 | 约50个 | 理论上约6万个 |

(续)

| | NB-IoT | LoRa | Zigbee | WiFi | 蓝牙 |
|---|---|---|---|---|---|
| 电池续航 | 理论约 10 年/AA 电池 | 理论约 10 年/AA 电池 | 理论约 2 年/AA 电池 | 数小时 | 数天 |
| 成本 | 模块 5～10 美元,未来目标降 1 美元 | 模块约 5 美元 | 模块约 1～2 美元 | 模块约 7～8 美元 | |
| 频段 | License 频段,运营商频段 | unlicense 频段,Sub-GHz（433MHz,868MHz,915MHz 等） | unlicense 频段 2.4GHz | 2.4GHz 和 5GHz | 2.4GHz |
| 传输速率 | 理论 160kbps～250kbps,实际一般小于 100kbps,受限低速通信接口 UART | 0.3～50kbps | 理论 250kbps,实际一般小于 100kbps,受限低速通信接口 UART | 2.4G:1～11MB/s 5G:1～500MB/s | 1MB/S |
| 网络时延 | 6～10s | 依实际情况而定 | 不到 1s | 不到 1s | 不到 1s |
| 适合领域 | 户外场景,LPWAN,大面积传感器应用 | 户外场景,LPWAN,大面积传感器应用,可搭私有网网络,蜂窝网络覆盖不到的地方 | 常见于户内场景,户外也有,LPLAN,小范围传感器应用,可搭建私有网网络 | 常见于户内场景,户外也有 | |
| 联网所需时间 | 3s | | 30ms | 3s | 10s |

## 1. 数据空间技术

数据空间是与主体相关的数据及其联系的集合,其中的所有数据对主体来说都是可控的。主体相关性和可控性是数据空间数据项的基本属性。数据空间有三个基本要素：主体、数据集和服务。其中，主体是指数据空间的所有者；数据集是与主体相关的所有可控数据的集合，包括对象和对象之间的关系；主体通过服务对数据空间进行管理和使用，服务包括分类、查询、更新、索引等。可以说一个数据空间应该包含与某个组织或个体相关的一切信息，无论这些信息是以何种形式存储、存放于何处。数据空间技术包括信息抽取、分类、模式匹配、数据模型、数据集成与更新、数据查询、存储索引、数据演化等多个方面。提出数据空间的初始目标是解决 Web 应用中多源、异构、海量数据的管理和使用问题。典型的例子是通过构造个人数据空间，用户可以实现复杂的语义查询，实现随时随地对个人数据的快速访问，可以方便地备份个人重要数据，保持异地数据同步。通过构造群组数据空间，群组成员之间可以方便地进行信息的共享与交流。

### 2. 物联网数据管理与智能处理思路

为了实现物联网中海量数据的高效处理，无缝地融合各种异构数据，最终为物联网中的决策与控制服务提供支撑，有人提出了一种综合运用以上技术来解决物联网的数据管理与智能处理问题的思路：以云计算平台为数据管理平台；以数据空间来组织主体的数据和服务；在此基础上以数据挖掘和数据融合相集成的方式实现多层次、多粒度、跨领域的数据处理；同时，以不确定的方式对数据及其上的服务进行表达和推理，从而实现对多元世界的准确刻画。

由于物联网中的数据具有多源、异构、海量的特点，做出一个决策可能要使用原始感知数据、融合过的数据、领域数据。这些数据经常具有不同类型，比如字符型的常规数据、时间数据、空间数据、知识等，而且这些数据所表征的事物可能是同领域的，也可能是跨领域的，但它们之间通常具有内在的联系。数据空间的初始目标就是解决 Web 应用中多源、异构、海量数据的管理和使用问题。因此，在数据空间的概念下组织、管理和使用物联网数据是可行而有效的途径，也符合物联网自身的可扩展性特点。

基于云计算平台来实施物联网数据的管理可以充分利用云计算平台的可靠而安全的数据存储中心和严格的权限管理策略，以及云计算中心对接入网络终端的普适性，有利于优化物联网的机器对机器通信（M2M）应用的广泛性，并可与运营商合作，避免重复投资。同时借鉴云计算数据管理技术，设计海量数据处理的体系结构，能突破吞吐量"瓶颈"，实现实时或准实时的数据查询和深层次的数据分析。在物联网中通常要综合利用各种异构的数据源来实现智慧感知。数据源本身的不确定性不可避免地带来了物联网数据空间的不确定性，主要包括数据本身的不确定性、语义映射的不确定性和查询分析的不确定性等，有必要利用不确定性技术来对物联网的数据进行管理。采用不确定性理论对数据本身、语义映射和查询服务进行表达，并据此推理，能够更好地描述可能的物联网世界，符合物联网数据不确定和动态演化的特点，能够帮助人们实现不确定条件下的情景感知和决策。

**3. 解决物联网数据管理与智能处理的关键研究内容**

（1）工业运维的数据应用。

（2）物联网数据的智能处理。

数据处理是受服务驱动的，物联网的服务包括：分析、决策与控制。为了实现这些服务，在数据层面，需要进行一系列的数据处理工作。针对物联网数据的智能处理，需要研究以下内容。

①以融合和决策为目的海量数据的实时挖掘：基于物联网服务的需求，物联网中的数据挖掘应分为两个方面，即辅助常规决策的数据挖掘和辅助数据融合的数据挖掘。鉴于物联网数据的异构、海量、分布性和决策控制的实时性，需要研究数据挖掘引擎的布局及多引擎的调度策略；需要研究时空数据的实时挖掘方案，海量数据的实时挖掘方法，不确定知识条件下的实时挖掘算法，数据挖掘算法的综合运用、改进和新算法，低时空复杂度算法；需要考虑物联网隐私的重要性，需要研究保护隐私的数据挖掘方法。

②以情境感知为目的的不确定性：建模和推理针对数据本身的不确定性，需要研究感知数据本身的不确定性表达和推理、实体数据的不确定性表达和推理，以及决策数据的不确定性表达和推理。针对语义映射的不确定性，需要研究融合感知数据获取实体数据过程中的不确定性表达和推理、融合实体数据获得决策数据过程中的不确定性表达和推理。针对查询分析的不确定性，需要研究物联网高维数据在松散模式下查询的不确定性表达、查询结果的不确定性表达和推理、联机分析处理（OLAP）和数据挖掘如何从不确定性数据中获取合理结果等内容。

③物联网与云计算的结合：数据空间概念下的基于云计算平台的物联网数据管理和智能处理。针对物联网与云计算的结合，还需要研究符合物联网数据海量和负载动态变化特点的云计算平台构建方法。除了设计数据的存储之外，还需要研究每个主体的分析与挖掘服务如何通过云计算的批处理任务实现，如何实现任务调度引擎，如何实现在线的监测和查询服务。以达到物联网实时或准实时的处理要求为目标。

数据平台的算法集成如图 6-19 所示。

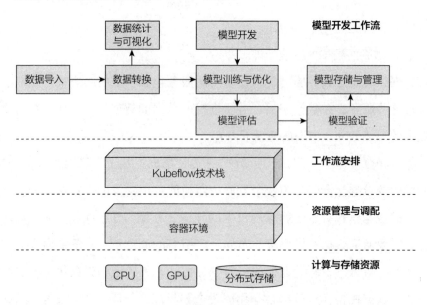

图 6-19 数据平台的算法集成

算法平台的功能特点如下：

- 可和大数据 ETL 系统无缝对接。
- 支持从数据导入、清洗、预处理到模型训练、评估、部署和监控的一站式服务。
- 支持数据可视化和 Schema 自动生成。
- 支持多框架（Tensorflow、Caffe、PyTorch 等）。
- 支持 Jupyter Notebook 多用户协同开发。
- 支持丰富的模型和算法库。
- 有效管理分布式计算和存储资源，具备高可靠性和高可扩展性。

（3）数据挖掘与融合技术。

数据挖掘是从大量的数据中提取潜在的、事先未知的、有用的、能被人理解的模式的高级处理过程。被挖掘的数据可以是结构化的关系数据库中的数据，半结构化的文本、图形和图像数据，或者是分布式的异构数据。数据挖掘是决策支持和过程控制的重要技术支撑手段。数据融合是一个多级、多层面的数据处理过程，主要完成对来自多个信息源的数据的自动检测、关联、估计及组合等环节的处理，是基于多信息源数据的综合、分析、判断和决策的新技术。数据融合有数据级融合、特征级融合、决策级融合，其中：

① 数据级融合直接在采集到的原始数据上进行融合，是最低层次的融合，它直接融合现场数据，失真度小，提供的信息比较全面。

② 特征级融合先对来自传感器的原始信息进行特征提取，然后对特征信息进行综合分析和处理，这一级的融合可实现信息压缩，有利于实时处理，它属于中间层次的融合。

③ 决策级融合在高层次上进行，根据一定的准则和决策的可信度做最优决策，以达到良好的实时性和容错性。数据挖掘与数据融合是两种功能不同的数据处理过程，前者发现模式，后者使用模式。两者的目标、原理和所用

的技术各不相同,但功能上相互补充,将两者集成便可以达到更好的多源异构信息处理效果。

无论是数字孪生、时空数据,还是边缘计算,这些概念及技术的成熟和运用,都使工业运维升级到了一个崭新的高度。其实,这些概念和技术的本质就是工业4.0中所描述的物理信息融合。

## 6.5 物理信息融合

信息物理系统(Cyber Physical System,CPS)是一个综合了计算、网络和物理环境的多维复杂系统,通过3C[⊖]技术的有机融合与深度协作,实现大型工程系统的实时感知、动态控制和信息服务。

CPS是物理过程和计算过程的集成系统,人类能够通过CPS所包含的数字世界和机械设备与物理世界进行交互,这种交互的主体既包括人类自身也包括在人的意图指导下的系统。而作用的客体包括真实世界的各方面:自然环境、建筑、机器,同时也包括人类自身。

CPS可能是一个分布式异构系统,它不仅包含了许多功能不同的子系统,这些子系统之间的结构和功能各异,而且分布在不同的地理范围内。各个子系统之间要通过有线或无线的通信方式相互协调工作。

CPS具有自适应性、自主性、高效性、功能性、可靠性、安全性等特点和要求。物理建构和软件建构必须能够在不关机或停机的状态下动态加入系统,同时还要保证满足系统需求和服务质量。比如一个超市安防系统,在加入传感器、摄像头、监视器等物理节点或者进行软件升级的过程中,不必关掉整个系统或者停机就可以实现动态升级。CPS应该是一个智能的、有自主

---

⊖ 通信技术(Communication)、计算机技术(Computer)和控制技术(Control)。

行为的系统,它不仅能够从环境中获取数据,进行数据融合,提取有效信息,而且还可以根据系统规则通过效应器作用于环境。

CPS 模型示意图如图 6-20 所示。

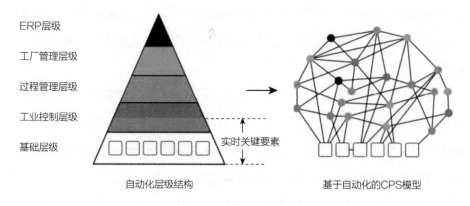

图 6-20  CPS 模型示意图

图 6-20 的左侧揭示了生产系统的多层递阶逻辑结构,右侧则反映了随着工业 4.0 和智能制造的发展,这些不同功能的软件之间的通信关系以及数据流动的关系,不再遵循多级递阶的方式而趋向于扁平化,可快速协同并直接交换数据。于是,构成了基于 CPS 的工业生产自动化系统。

CPS 在第四次工业革命中起着巨大的作用,而包含在 CPS 中的物理部件也毫无例外地内嵌着控制、监控和协调的软件。

与传统自动化系统相比,运行于实际物理部件中的软件更为复杂,而这些部件之间的相互连接也随之大大增加。

生产系统通常服从多级递阶结构。系统的底层直接与硬件通信,并将相关的数据向上层发送报告。传统的递阶系统不仅用作各层部件的逻辑结构,实际上也同样表现为多层递阶的部署。所有层级的部件通常都按照制造厂商预置的 IT 结构来部署,网络的基础架构里的数据流动也按金字塔的结构进行。

当控制软件的重要性和复杂性增加时,其升级的频率也必然增加。大规模定制化要求制造厂商在生产过程中按照客户的专门要求进行改变（例如在数控机床中加入更新、更好的路径规划算法）。现在已经有可能运用监控和机器学习工具来预测软件升级变化带来的加工过程的改善。但是如果每一次软件升级都要完全停机，无疑会在软件升级的同时造成相当大的损失。这就提出了一个无法绕开的问题：在软件升级时应尽可能地局部停机，甚至完全不停机。

随着大量云计算和信息物理系统的出现，这种严格的多层递阶系统已经软化。各个组成部分可以仍然按金字塔的层级分类，但它们的部署却变得更灵活，例如可以部署在云上。这些组成部分之间的互动和相互作用也变得不那么紧密了，以至于数据可以根据要求来进行流动和传送。

CPS 把计算与通信深深地嵌入实物过程，使之与实物过程密切互动，从而给实物系统添加新的能力。这种 CPS 小如心脏起搏器，大如国家电网。由于计算机增强的（computer-augmented）的装置无处不在，CPS 系统具有巨大的经济影响力。

CPS 的研究与应用将会改变人类与自然物理世界的交互方式，在健康医疗设备与辅助生活、智能交通控制与安全、先进汽车系统、能源储备、环境监控、航空电子、防御系统、基础设施建设、加工制造与工业过程控制、智能建筑等领域均有着广泛的应用前景。如家居、交通控制、安全、高级汽车、过程控制；再如环境控制、关键基础设施控制（电力、灌溉网络、通信系统）、分布式机器人、防御系统、制造业、智能构造。交通系统能够从智能汽车提高的安全性和传送效率中获益。家居技术也将提高老年人的护理水平，并有效控制与日俱增的护理花费，以及减少国家对能源的依赖。我们很难估计 CPS 为未来生活所带来的积极意义上的潜在价值，但我们都知道 CPS 的价值是巨大的。

美国国防部高级研究计划局认为，CPS 是指这样的系统：其功能中的很大一部分是从软件与机电系统中导出的。事实上，所有的防务系统（如飞机、航天器、海军舰船、地面载具，等等）和系统的系统，都属于 CPS。另外，集成电路、MEMS、NEMS……也属于 CPS。

物理信息融合的核心诉求，就是数据对真实环境、真实设备、真实状态的集中反映与准确画像，帮助人们认识客观世界，以便为更好地改造客观世界开展数据分析工作。

随着 5G 时代的到来，以及数字孪生、时空数据、边缘计算等技术的成熟和运用，通过物理信息融合技术，工业运维正在揭开她神秘的面纱，为我们展露出未来无限发展的动人画面。工业互联网离不开工业运维的保驾护航，然而这条道路才刚刚起步，任重而道远。

工业和信息化部信息化和软件服务业司的李颖巡视员在题为《全球工业互联网发展实践及启示》的报告中提到，发展工业互联网是各国面向未来的共同选择，它主要包括以下三个方面。

首先，工业互联网是新工业革命的关键基础设施。工业互联网本质上是基于云平台的制造业数字化、网络化、智能化基础设施，为企业提供了跨设备、跨系统、跨厂区、跨地区的全面互联互通平台，使企业可以在全局层面对设计、生产、管理、服务等制造活动进行优化，为企业的技术创新和组织管理变革提供了基本依托。同时，企业通过工业互联网平台，获得了在更大范围内打破物理和组织边界的能力，便于打通企业内部、供应链上下游、供应链之间的数据孤岛，实现资源有效协同，形成无边界组织，实现价值创造从传统价值链向价值网络拓展。

其次，工业互联网成为制造业转型升级的现实路径。工业互联网是新一代信息技术与现代工业技术深度融合的产物，是一套涵盖数字化、网络化、智能化等通用目的和技术的综合技术体系。工业互联网的本质是通过构建精准、实时、高效的数据采集互联体系，实现工业经济全要素、全产业链、全价值链的资源优化配置，提高全要素生产率，推动经济发展质量变革、效率变革、动力变革。一方面，工业互联网可挖掘传统制造业发展潜力，通过引入新技术、新管理、新模式,为制造业插上互联网的翅膀,注入信息化的基因,加快传统制造业转型升级步伐。另一方面,工业互联网可以加速先进制造业发展步伐,催生智能化生产、网络化协同、个性化定制、服务化衍生、数字化管理等新型制造模式,从而推动制造业开启智能化进程。

最后,工业互联网有助于各国获得竞争新优势。基于平台的"赢者通吃"竞争模式正在加速从消费领域向制造领域演进,谁能在工业互联网的竞争中占得先机,谁就能够把握住未来的主动权,重构制造业研发模式、生产方式和组织形态,以工业互联网为核心的生态之争正在成为主要国家竞争的新焦点。美国工业互联网联盟、德国工业4.0平台组建的主要目的在于,通过整合产学研用各方资源突破核心技术、开展测试验证、制定行业标准和推广解决方案,打造制造业新生态,不断强化制造业竞争优势和主导地位。

该报告同时还提出了我国发展工业互联网的主要工作方向。

建设发展工业互联网是顺应新工业革命演进的历史趋势,是大势所趋。但新生事物的推进没有坦途,世界各国在工业互联网发展的推进过程中,都进行了有益的探索,也暴露出一定的问题。对我国而言,要充分把握当前工业互联网建设的重要机遇期,充分吸收国外发展的经验教训,结合我国自身制造业基础和产业结构,打造中国工业互联网平台体系。

一是要以平台为中心,辐射带动工业互联网全链条发展。从国外领先工业互联网企业实践看,德国的工业4.0战略以及美国的工业互联网联盟都提出了打造一个平台的重要实践,工业互联网发展的核心载体是工业互联网平台,一方面平台聚集了整个工业生产制造各个环节的要素信息,掌握住平台就掌握了主动权,另一方面通过平台的建设迭代,能够牵引数据采集、网络接入、安全防护、应用开发等各产业链条协同发展,带动提升平台供给能力。

二是要以应用为先导,循序渐进打造多层次平台体系。发展工业互联网平台不是单纯的建几个平台,而是要从应用场景出发,找到真实工业场景的现实瓶颈问题,自下而上形成实际可操作、可复制的一系列系统解决方案,并以工业 APP、工业微服务等形式逐渐沉淀到工业互联网平台上，由单点应用到多点推广，由特定行业、特定区域推及至跨行业、跨领域，建立起涵盖生产全流程、全环节的一系列平台解决方案，形成多层次平台发展体系。

三是要以合作为基础，积极构建开放共享的协同生态。工业互联网需要高额持续的投入和长时间的积累，从最近 GE 的工业互联网业务在短期内经历了从"出售"到"剥离"的波折，以及德国及时调整战略出台《国家工业战略 2030》加大政府支持力度来看，工业互联网发展不仅需要龙头企业引领，更加需要政府、企业、联盟、科研院所等多方力量的协同，科技、产业、金融等各领域融通。这也充分印证了我国始终坚持"产学研用政"相结合，着力打通科技创新、产业发展、金融服务生态链的工业互联网发展模式的正确性，进一步打造更具活力的生态体系，推动工业互联网应用落地。

# 后 记

最后,与读者分享一下最新的趋势和技术前沿。

数据架构根据需求的变化而不断演进,数据自服务是数据供应链的根本性改变方向,为此数据共享机制的改变与建立成为技术变革的基础,如下图所示。让业务人员更多地参与数据使用是数据架构在用户终端下沉的主要表现。

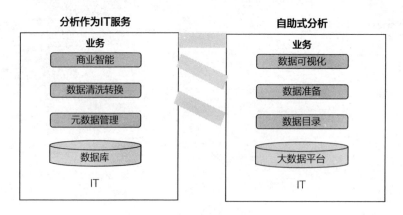

图 数据架构的演进

(图片来自大数据技术标准推进委员会。)

而在 Gartner 最新的报告《未来 3~5 年,数据分析领域不可错过的十大技术趋势》中,由 Gartner 研究总监孙鑫(Julian Sun)先生提出了数据编织和数据增强管理两大概念。

## 1. 数据编织（Data Fabric）

Gartner 定义数据编织是基于企业用户行为，自动建立起元数据之后一个新兴的、动态变化的数据结构。

数据编织这个概念在 Gartner 的数据管理组中经常被讨论。每当讨论到这个概念时，就会同时提到数据虚拟化，以及如何去平衡。要么把数据从 A 移到 B，再从 B 移到 C，要么把数据全部连在一起，用虚拟化形式实现，这样的平衡在企业里是很难实现的，所以我们需要一种数据编织形式去管理这样的平衡，而不是所有的数据结构。

同时我们也会看到，这样一种新兴的数据结构涵盖了很多东西，有数据湖、数据库、分布式的存储关系，还有传统的数据库等。在这里，元数据驱动了一切，我们希望花更多的时间来了解用户行为，从而搭建出更灵活的数据编织。

从用例角度我们可以看出，无论是数据仓库，还是分布式流程，多样式的数据来源都会以更新、更符合业务诉求的形式来混合所有数据存储的 porfolio，而不是单纯地用一种技术。所以我们会看见更多的厂商去做 DataHub 类型的产品，用来编织所有的数据。这样的形式也能够更加适应现在不停变化的业务诉求。我们可以通过更灵活的数据编织形式建立一个统一的数据框架，管理所有数据。

## 2. 数据增强管理

增强型数据管理涵盖数据管理的方方面面，其中元数据管理、数据库管理，还有数据整合、数据质量都涵盖在内，它并不是一个单纯的数据管理范式。它可以有效地依赖企业里用户的行为，通过对元数据的学习自动地生成行为数据。

在进行数据运维时,很多时候都要用到元数据,但元数据的生成和学习是需要花时间的,有时还会应用机器学习和 AI 技术。我们希望最终能实现的是,看见数据,学习用户行为,创造元数据,整合数据管理工具,创建数据质量规则,最后在数据上建立 Schema,让数据真正被业务用户使用。这是一个完整的"增强型数据管理"所希望实现的效果。

增强型数据管理的涵盖面很广,我们更希望从用户行为以及元数据当中获取真知,去创造元数据,以帮助我们更好地进行数据管理,使之能够涵盖数据质量管理、主数据管理、数据集成、数据库管理、元数据管理等方方面面。

(上述内容摘自 Kylin Data Summit 的大会资料。)

总的来说,无论是数据编织还是增强数据管理,都表现出了来自元数据管理的基础,也可以理解为 Gartner 对元数据管理的方向给出了指引,这实际上已经跨越了管理的范畴,丰富了元数据的业务应用。

企业网 D1net 的最新文章《2030 年的 IT 工作将会是什么样子》描绘了未来可能的状态。文章援引咨询公司麦肯锡的一份题为《技能转移:自动化与劳动力的未来》的研究报告称:"未来 10～15 年,随着人们与越来越智能的机器互动,以及对自动化和人工智能技术的采用,将改变工作场所。到 2030 年,对创造力、批判性思维、决策和复杂信息处理等更高认知技能的需求将会得到增长。"

(本段摘自企业网 D1net 公众号文章。)